T0354474

Mis momentos con Dios...

Palabras de
Sabiduría

D'Esther...

Número de Control de la Biblioteca del Congreso de EE. UU.:   2024939803
ISBN: Tapa Dura   978-1-5065-5340-5
                   Tapa Blanda   978-1-5065-5339-9
                   Libro Electrónico   978-1-5065-5338-2

Información de la imprenta disponible en la última página.

Fecha de revisión: 26/06/2024

Para realizar pedidos de este libro, contacte con:
Palibrio
1663 Liberty Drive, Suite 200
Bloomington, IN 47403
Gratis desde EE. UU. al 877.407.5847
Gratis desde México al 01.800.288.2243
Gratis desde España al 900.866.949
Desde otro país al +1.812.671.9757
Fax: 01.812.355.1576
ventas@palibrio.com
845611

Índice

Prefacio

"Enséñales a VIVIR como vives tú"… Dios.

A los nueve años de nacida renuevo el propósito de VIVIR superando un proceso de coma clínica luego de una peritonitis del que naturalmente fui desahuciada y sobre naturalmente renacida. Llegando a los 35 y luego de varios encuentros con la mortal humanidad de mis amados más cercanos, por Iluminación Divina recibo el instrumento fundamental y la gran encomienda de con colores apoyar a mujeres (mayores de 21años) con vacío existencial para ser y vivir con Su Dios como centro de sus experiencias naturales.

Diez años después, como oración contestada, llega la primera certificación de Coaches Profesionales a Puerto Rico, la cual recibo… completando este año 18 años de certificada y apoyando profesionalmente mis almas en custodia; confirmando sin lugar a duda que para esto he venido. Luego de nueve años certificada como Coach Profesional ofreciendo talleres, citas, apoyos para VIVIR y 28 años activa entre mundos paralelos (natural y sobrenatural) apoyando tanatológicamente a los que se quedan y canalizando a los que a su origen regresan, luego de un imprevisto trascendental "SOLO DIOS…" se hace mi Amparo Proveedor y Sostén más todo lo que necesito para sobrevivir tempestades, confiar incertidumbres, suplir hasta que sobre abundan y superando todo lo que pueda con palabras explicar. Cualquiera que haya pasado el mayor quebranto donde solo quede Dios para superarlo, podrá poner las palabras que el dolor ahoga y si aún lo pasa sepa que "Solo Dios…basta" todo pasa.

Muchas de estas experiencias están en un libro "De la mariposa a la libélula" por Daphne Espino Ramírez, hoy en el 2023 D' Esther (la transformación en Equilibrio Khromático) comparto "Mis momentos con Dios… Palabras de Sabiduría" para cumplir con la gran encomienda recibida en un susurro de Dios…

Introducción

"Enséñales a VIVIR como vives tú"... Dios.

En la intensidad de los días, muchas veces escucho la pregunta... ¿Cómo lo haces? Pregunta en la que reflexiono continuamente y sólo encuentro una respuesta... "Dios lo hace".

Para muchos Dios es parte de su religiosidad, para otros la fuerza que los hace defender Su inexistencia, en otros casos algunos todavía andan por encontrar la definición... sin embargo, Dios es más fácil que una explicación. Estos momentos con Dios (o como cada uno le llame a su Poder Superior Soberano) son momentos prácticos y de fácil manejo. Para encontrar la respuesta y la solución a la forma de cómo llevar los días... es importante entender que lo espiritual es natural y que Dios es simple e individual. Dios ES... sin importar que y mi/yo también (mí, es lo esencial y yo, es lo natural). Esto puede resultar extraño para algunos, sorprendente para otros e interesante para los que en el entendimiento pueden encontrar la paz. *Simplemente para que Dios sea parte de cada ecuación en solución favorable de mi experiencia natural, me quedo con la vivencia sobrenatural* y la comparto para beneficio de todos los involucrados. Esa es mi cotidianidad. Un día en *"Mis momentos con Dios..."* y con intensas *"Palabras de Sabiduría"* en un Susurro de Mi Dios, recibo... "Enséñales a VIVIR como vives tú", suena interesante.

Como primer paso necesito describir como vivo mi/yo... Me apasiona saber que todos tenemos la oportunidad de SER y así VIVIR, apoyo a toda alma que me toca en custodia a que organice su SER y disfrute su VIVIR en seguridad, ganancia y bienestar. ¿Cómo vives tú y dónde está Dios en ecuación cuando chocas con tu mortal humanidad escapándose la solución de tus posibilidades?

Con estas páginas tengo la intención que en cada momento que reflexiones sobre ellas puedas sentir a **"Dios contigo y en ti..."** tal cual es en todo tiempo y a cada momento. En estas páginas ofrezco una oportunidad que supla serenidad en la cotidianidad, Dios sea desdogmatizado y diseñado con un patrón efectivo para cada uno. "

En cada uno de "Mis momentos con Dios..." en mi día, recibo "Palabras de Sabiduría" que me armonizan y organizan mi VIVIR en un Propósito Mayor para que todo sea a favor. Haz de este libro tu cómplice en una nueva relación única con Tu Dios y sea la nueva oportunidad que necesitas para llenar los espacios de una vida plena.

Índice Palabras y Citas Personalizadas...

# Pág	Cita	Cita Personalizada
Pág# 116	Hageo 2:4	¡Manos a la obra! Dios es en mí y conmigo
Pág# 120	Romanos 1:9	Dios sabe …
Pág# 124	Deuteronomio 4:2	Simplemente obedezco a Mi Dios
Pág# 128	Proverbios 18:15	Soy dispuesta a aprender.
Pág# 132	2 Crónicas 30:22	Doy gracias a Dios por mis antepasados
Pág# 136	Nehemías 5:19	Mi Dios se acuerda de lo que he hecho y me bendice.
Pág# 140	Isaías 66:2	Mi Dios me bendice por mi corazón humilde.
Pág# 144	Lucas 11:3	Dios me da cada día lo que necesito.
Pág# 148	Eclesiastés 10:4	Sin renunciar supero los retos por mi espíritu sereno.
Pág# 152	1 Samuel 15:22	Escucho pues mi obediencia y mi SuMisión son lo mejor.
Pág# 156	Génesis 39:23	Dios está conmigo y prospera todo lo que hago
Pág# 160	Hechos 2:28	Mi Dios me llena de alegría y me muestra el camino
Pág# 164	Marcos 12: 29-33	Amo a Dios por sobre todo y como mi amor propio amo a mi prójimo.
Pág# 168	Filipenses 4:7	La paz de Mi Dios supera todo lo que puedo entender
Pág# 172	Gálatas 5:16	Sin impulsos solo me dejo llevar por el Espíritu de Dios.
Pág# 176	Job 22:26	Me deleito en el Todopoderoso y levanto mi mirada a Dios
Pág# 180	1 Tesalonicenses 4:1	Mi objetivo VIVIR tranquila ocupándome de mis asuntos
Pág# 184	Romanos 5:11	Alegre por mi nueva y maravillosa relación con Mi Dios.
Pág# 188	Tito 3:1	Siempre obediente y en disposición de hacer lo que es favorable.
Pág# 192	Jeremías 5:11	Mi Dios cuida de mí, en todo tiempo y en cada momento.
Pág# 196	Daniel 2:47	Mi Dios es grande y me revela los misterios.
Pág# 200	Colosenses 2:2	Confío plenamente que entiendo el misterioso Plan de Mi Dios.
Pág# 204	2 Tesalonicenses 3:3	Mi Dios es fiel…me fortalece y protege de lo adverso
Pág# 208	1 Tesalonicenses 5:28	La Gracia de Dios es conmigo y en mí SIEMPRE.
Pág# 212	Nehemías 10:38	Me comprometo a cuidarme como templo de Mi Dios.
Pág# 216	2 Timoteo 1:14	Mediante la Gracia de Dios que vive conmigo y en mi guardo la verdad confiada.
Pág# 220	Salmo 55:17	SIEMRE Mi Dios oye mi voz.
Pág# 224	Hebreos 10:16	Sus leyes en mi corazón escritas en mi mente es Su Nuevo pacto conmigo.
Pág# 228	Salmo 16:2	Mi Dios es mi dueño y todo lo bueno que tengo viene de Él.

Índice Citas Libro Guía (Biblia)...

Índice Palabras...

Uso, Optimización y Disfrute

Sugerencias para Uso, Optimización y Disfrute de este instrumento e iniciar una comunicación efectiva con Tu Dios. Cada uno es libre de utilizar estas páginas como le agrade, aunque siguiendo la encomienda de enseñar como lo hago aquí les comparto mis sugerencias para optimizar su uso y disfrute. En mis procesos de apoyo (Coaching) hacemos lo intenso de manera divertida pues NADA es en contra…TODO en Dios siempre es a favor. Res Pi Ra… Es la receta infalible para evitar reaccionar y responder a cualquier desequilibrio y en este caso es la mejor manera de comenzar tu reflexión.

Primero que todo encuentra para qué este libro llegó a tus manos… Con tus manos sobre las dos tapas del libro, respirando profunda y pausadamente inspírate para recibir Palabras de Sabiduría de tu Dios pudiendo entender la necesidad que tienes y Dios suple con este instrumento… Pregúntale a Tu Dios… *¿Qué necesito para armonizar mi VIVIR natural con el sobrenatural y seas conmigo y en mi desde este momento y para siempre?* Con tus ojos cerrados abre el libro aleatoriamente (al azar) quédate un instante reflexionando en tu inquietud y abre los ojos, donde se pose la mirada marca y colócale la fecha del día. En la palabra del día está tu necesidad y lo revelado fue donde leíste primero.

Ejemplo: Intención para este ejemplo – **Propósito de este libro** = Palabra del día Florece… lo revelado: **"SER en ganancia para todos los involucrados"** En este caso Mi Dios me dice: (Palabra del Dia) … Florece (Donde se posó la mirada primera) y me revela que SER es para el beneficio de todos los involucrados. Encontrando el significado (la definición es otra cosa) **Florece…Que produce flores que llenan de gozo y alegría**, el propósito para Dios con este libro. **Para armonizar mi VIVIR natural con el sobrenatural y Mi Dios sea conmigo y en mí, desde este momento y para siempre Mi Dios me dice Florece en Gozo y Alegría.**

Como se hace esta reflexión puede realizarse cualquier intención. Si se abriera en una página en blanco utiliza la lectura que corresponda a ese ejercicio. Si fuera otra pagina utilizas la palabra que mas te agrada de la pagina y adaptas lo que leas a lo que necesitas. Ejemplo si fuera de esta página… **Mi Dios me dice:** Propósito **Mi Dios me revela:** Gozo y Alegria. *Para armonizar mi VIVIR natural con el sobrenatural y Mi Dios sea conmigo y en mí, desde este momento y para siempre Mi Dios me dice que necesito Proposito en Gozo y Alegría.*

Las maneras sugeridas son para uso mientras desarrollas la habilidad de comunicarte con Tu Dios. Inspiracionalmente, recibirás el llamado a abrirlo pues ha sido realizado con la intención de que cada vez que necesites Palabras de Sabiduría tengas Tu momento con Dios y puedas organizar tu mente alineada a tu espíritu para una gestión con propósito mayor en beneficio de todos los involucrados. Hago mi parte entregándolo, te toca la tuya y Dios hace lo demás… Disfrútalo en gozo y alegría.

Uso básico
(Reflexión para identificar el Propósito Mayor en la semana)

Hay 54 palabras con 54 escritos reflexivos, uno semanal que son 52 por año, una para la semana que celebras haber nacido y una para una semana donde te sientes en el pozo a punto del quebranto o en él. Esto sin limitar el uso por inspiración que presento más adelante.

Luego de cada escrito encuentras 6 columnas en 3 paginas que completan la reflexión de 7 días (siete días marca un ciclo de maduración de un concepto nuevo en su reflexión y aplicación) El día #1 es el día que descubres la palabra y la reflexión por primera vez al comenzar tu semana, pudiéndose repetir palabras según se necesite.

Dia #1 para conocer... Palabra nueva con significado favorable.

Dia #2 para explorar... Oportunidades de reconocer lo que la reflexión ofrece.

Dia #3 para editar... En positivo lo que vives según nuevo significado recibido.

Dia #4 para practicar... Decir y actuar en creencia editada en positivo.

Dia #5 para negociar... Tu reto mayor entregando lo imposible a Tu Dios.

Dia #6 para adaptar... Conscientemente la práctica de nueva visión a mi semana.

Dia #7 para adoptar... Repensar, hablar y compartir coherente lo favorable a plenitud.

Luego de cada semana, repasando la palabra diariamente y reflexionando sobre el escrito, todo comienza a transformarse... desde ti hasta lo que vives comenzando a que brilles distinto y los demás te pregunten que haces... y sabrás que "Dios lo hace".

Optimización

(Validación precisa de lo que Dios necesita que sepa en lo que se vive)

Una situación que te inquieta puede resultar inevitable, nunca incomprensible. Tu Dios tiene todo lo que necesitas para dar paz a tu mente y que prevalezca la serenidad del espíritu si le consultas. Pues aquí vamos a como hemos descubierto lo que se hace complicado entender, muchas veces por ahogo emocional o prisa natural. Escoge por inspiración un numero de pagina en la lista de referencia donde están los números de los 54 escritos o de cualquiera paginas impresa (Puedes abrirlo aleatoriamente y dejar que Dios decida cual usas. Puedes adaptar el ejercicio).

Cuenta las líneas de la hoja desde la primera palabra hasta la última (sin contar el número de página)

Divide la cantidad de líneas entre dos y usas la *línea central* de referencia. Si es impar el total usas la línea luego de la mitad exacta. Ejemplo: 45 líneas (45 entre 2 igual a 22.5, redondeado 23) la mitad exacta es 22 y la línea central es la línea 23. La línea 23 es la a utilizar. Si fuera de 44 líneas usarías la 22 para el ejercicio.

En la línea central cuentas las palabas y *en un cuadro marcas la palabra central* igual como hiciste el ejercicio de escoger línea central (par e impar) esa palabra con el *número 5*. Si te es necesario puedes añadir la palabra siguiente en cada caso necesario para que te haga sentido hasta que desarrolles tus habilidades relacionadas.

Desde la línea central… *cuatro líneas arriba y cuatro líneas abajo repites el ejercicio anterior.* Las de arriba de la 5 se enumeran las palabras con 4,3,2,1 y las de abajo de la 5…6,7,8,9. Para obtener 9 palabras. Escríbelas en una lista y edita el mensaje.

Ejemplo: Escrito Reflexivo: **Florece** tiene **24 líneas** escritas desde palabra 1 hasta ultima en la cita. **Línea central 12**… La negociación de SER fue clara y en ganancia para todos los involucrados, los. Palabra #5 escogida **Y**

Palabra #1 *Humanidad* de 11 palabras, 6 palabra central…

Palabra #2 *al renunciar* de 14 palabras, 7 palabra central y la 8.

Palabra #3 *se renuncia* de 14 palabras, 7 palabra central y la 8.

Palabra #4 *a destiempo* de 3 palabras, 2 palabra central y la 3.

Palabra #5 *y en* de 14 palabras, 7 palabra central y la 8.

Palabra #6 propósito de 11 palabras, 6 palabra central…

Palabra #7 de de 17 palabras, 9 palabra central…

Palabra #8 así de 11 palabras, 6 palabra central…

Palabra #9 aprendiendo de 11 palabras, 6 palabra central…

Fecha hoy…

Palabra del Día… 1
Florece… 2

Mi espíritu es mayor que mi circunstancia…

Mi Reflexión…

(1) Y
(2) al Privilegio

Dios conmigo y en mí SIEMPRE…

(3) en plenitud
(4) Sólo

NADA es en mí contra. TODO es a mí favor… 1

(5) Todos unitarán
(6) nunca unitarán

Mi bienestar es innegociable…

(7) lo que
(8) marzo

Hoy recibo para SER y VIVIR…

(9) Renovado el compromiso año

Nada se puede contar que con detalles **3**
logre capturar lo que es ante la presencia **4**
de Dios estar. Es un privilegio individual, **5**
rebosante de infinita paz ante la **6**
inmensidad de todo lo que provoca disfrute, **7**
seguridad, ganancia y bienestar… donde **8**
solo lo mejor puede pasar. Donde lo **9**
que limita desaparece y las posibilidades **10**
florecen. Desde una experiencia **11**
dolorosamente intensa para muchos la más **12**
plena para quien protagoniza la limitante **13**
mortal humanidad. ¿Cómo privarse **14**
de tal VIVIR?… Solo por un Propósito **15**
Mayor pues al renunciar a hacer lo que **16**
corresponde, como acordado y en el tiempo, **17/1**
adecuado se renuncia al privilegio de la **18/2**
eternidad en plenitud a destiempo. **19/3**

La negociación de SER fue clara y en **20/4**
ganancia para todos los involucrados, los **21★/5**
retos naturales nunca limitarán el propósito **22/6**
sobrenatural… Revalidando lo que me **23/7**
toca cada 18 de marzo y el 16 de abril **24/8**
renovando el compromiso año tras año de **25/9**
Iluminar el sendero de otros, así como Dios **26**
y yo acordamos. **27**

Con la mejor intención sigo gestionando, **28**
aprendiendo lo necesario, sin lugar a duda **29**
apoyando los que me tocan a desarrollar **30**
o fortalecer su relación con Dios más allá **31**
de dogmas o doctrinas. Iluminando el **32**
entendimiento para que Dios ilumine sus **33**
caminos. Avanzando y más por ver pues **34**
SEResVIVIR… **35**

Un día…un 18 de marzo… cuando Dios **36**
muestra el para qué hay que regresar a **37**
cumplir la misión, a más ver e iluminada **38**
un 16 de abril…Renovando. **39**

Cita Libro Guía Personalizada (Biblia) **40**

Romanos 1:9 **41**
Dios sabe… **42**

Pues es un privilegio de todos sin que otros límites el compromiso que se renueva en marzo cada año.

13

¿Mi Dios que me inquieta en este momento?
La humanidad al renunciar. Se renuncia a destiempo y en propósito de así aprendiendo.
Editada…Me inquieta la humanidad que renuncia a destiempo y así a su propósito sin aprender.

Nota: Las líneas pueden ser escogidas de varias maneras: continuas, salteadas, validadas, aleatorias… por gusto o desagrado al igual que las palabras en las líneas escogidas. Lo indispensable es una intención clara la cual sugiero escribir para evitar desvíos y olvidos confundiendo el mensaje revelado.

Disfrute
(Aleatorio por Inspiración o Necesidad del Alma)

La imaginación es infinita… unida a la inspiración pueden ofrecer resultados efectivos para iluminar una intención. Si te das permiso para inspírate sin limitarte, en tus Momentos con Dios encuentras las Palabras de Sabiduría necesarias para VIVIR lo natural desde lo sobrenatural en equilibrio.

Identifica una intención, escribe lo que necesitas conocer al respecto (como pregunta es más fácil encontrar respuestas hasta que aprendes a conversar con Tu Dios), Coloca tus manos en las tapas del libro y enfoca en tu intención. RES PI RA… y abre el libro que donde descansa tu mirada Tu Dios ha revelado tu respuesta. Es natural que lo sobrenatural se escape por lo que puedes hacer una intención sobrenatural. Escoge lo que te resuena, lo que hace eco en tu SER, lo que sobresale del escrito y aun queriendo escoger otra parte esa insiste y persiste capturando tu atención.

Ejemplo: Ejercicio Aleatorio (escrito Decide)

Inquietud Natural: Lógica. Que sea parte de mi conocimiento y entendimiento ¿Que necesito hacer en mi situación actual? *Decide* (escrito escogido al azar)

Inquietud sobrenatural: Ilógica. Que se escape a lo conocido, entendido y aprendido. ¿Que esta oculto para mí en esto? (La línea #9 del escrito) *"lo que se experimenta me provoca tristeza"*

Nota: Se sugiere el uso de bolígrafos de colores para anotar fechas de reflexión/validación/iluminación y distinguir las diferentes instancias reflexivas. Toma un tiempo dedicado a conversar con Tu Dios diariamente, en lo mínimo semanalmente. Recurre a esos momentos con Dios en que solo El y Tú tienen intimidad donde callas para escucharle y hablas para agradecerle. Coleccionando momentos de quietud reflexiva este instrumento será testigo de cuanto Dios te haya revelado y será evidencia de que esto se ha cumplido a tu favor y el beneficio de todos los involucrados.

Mis momentos con Mi Dios...

Fecha hoy...

Palabra del Día...
Agradece...

*Mi espíritu es mayor
que mi circunstancia...*

Mi Reflexión...

Dios conmigo y en mí SIEMPRE...

Mi Reflexión...

*NADA es en mi contra,
TODO es a mi favor...*

Mi Reflexión...

Mi bienestar es innegociable...

Mi Reflexión...

Hoy recibo para SER y VIVIR...

Mi Reflexión...

¿Cómo se siente hacer lo que amas?... Todo se detiene... respiras... te retomas y pides un momento en lo que organizas las ideas. Del alma fluye la respuesta...Se siente que para eso naciste, que sale natural, los demás lo reclaman de ti y lo disfrutan tanto como tú lo amas…

Se siente un agotamiento dulce por el propósito cumplido más allá de lo que diga el cuerpo... que cuando dejas de hacerlo reconoces que sin hacerlo estarías muerta en vida. Se siente el deseo de quedarse en la cama cuando la jornada ha sido infinita el día previo y cuando recuerdas el compromiso asumido te sacudes las sábanas y caes en la ducha con el gozo del alma, AGRADECIDA de Dios, 1superando el reto de cruzar la puerta para encontrarte con los que tus servicios reclaman.

Sientes plenitud pues el cuerpo, la mente, las emociones y el espíritu van al compás rítmico de la melodía con la que danzas en el tiempo... olvidando las horas que se desvanecen cuando el fruto de tu labor brilla en los ojos de quien lo que necesita encuentra. Sientes que Dios todo lo suple y que nada falta, que nada es en tu contra pues haciendo lo que te toca... solo lo mejor pasa, que el dinero deja de ser la meta pues es abundante consecuencia del propósito cumplido hasta en contra de ti misma... Es sentirse que seguir avanzando profesionalmente te apasiona, te ilusiona y las horas se hacen pocas para añadir más servicios a tu jornada.

Te sientes vencedora ante los retos que se manifiestan y serena ante los imprevistos, pues reconoces que son la oportunidad de aportarte al VIVIR lo que aprender falta. Plena en disfrute, seguridad, ganancia y bienestar…AGRADECIDA.

Cita Libro Guía Personalizada (Biblia)

*Salmo 109:30
AGRADECIDA de Mi Dios una y otra vez...*

Fecha hoy...

Mi espíritu es mayor que mi circunstancia...

Mi Reflexión...
_____
_____
_____
_____
_____
_____

Dios conmigo y en mí SIEMPRE...

Mi Reflexión...
_____
_____
_____
_____
_____

NADA es en mi contra, TODO es a mi favor...

Mi Reflexión...
_____
_____
_____
_____
_____

Mi bienestar es innegociable...

Mi Reflexión...
_____
_____
_____
_____
_____

Hoy recibo para SER y VIVIR...

Mi Reflexión...
_____
_____
_____
_____
_____

Fecha hoy...

Mi espíritu es mayor que mi circunstancia...

Mi Reflexión...
_____
_____
_____
_____
_____
_____

Dios conmigo y en mí SIEMPRE...

Mi Reflexión...
_____
_____
_____
_____
_____

NADA es en mi contra, TODO es a mi favor...

Mi Reflexión...
_____
_____
_____
_____
_____

Mi bienestar es innegociable...

Mi Reflexión...
_____
_____
_____
_____
_____

Hoy recibo para SER y VIVIR...

Mi Reflexión...
_____
_____
_____
_____
_____

Fecha hoy...

Mi espíritu es mayor que mi circunstancia...

Mi Reflexión...
_____
_____
_____
_____
_____

Dios conmigo y en mí SIEMPRE...

Mi Reflexión...
_____
_____
_____
_____
_____

NADA es en mi contra, TODO es a mi favor...

Mi Reflexión...
_____
_____
_____
_____
_____

Mi bienestar es innegociable...

Mi Reflexión...
_____
_____
_____
_____
_____

Hoy recibo para SER y VIVIR...

Mi Reflexión...
_____
_____
_____
_____
_____

Fecha hoy...

Mi espíritu es mayor que mi circunstancia...

Mi Reflexión...
_____
_____
_____
_____
_____

Dios conmigo y en mí SIEMPRE...

Mi Reflexión...
_____
_____
_____
_____
_____

NADA es en mi contra, TODO es a mi favor...

Mi Reflexión...
_____
_____
_____
_____
_____

Mi bienestar es innegociable...

Mi Reflexión...
_____
_____
_____
_____
_____

Hoy recibo para SER y VIVIR...

Mi Reflexión...
_____
_____
_____
_____
_____

Fecha hoy...

Mi espíritu es mayor que mi circunstancia...

Mi Reflexión...
_____
_____
_____
_____
_____
_____

Dios conmigo y en mí SIEMPRE...

Mi Reflexión...
_____
_____
_____
_____
_____
_____

NADA es en mi contra, TODO es a mi favor...

Mi Reflexión...
_____
_____
_____
_____
_____
_____

Mi bienestar es innegociable...

Mi Reflexión...
_____
_____
_____
_____
_____
_____

Hoy recibo para SER y VIVIR...

Mi Reflexión...
_____
_____
_____
_____
_____
_____

Fecha hoy...

Mi espíritu es mayor que mi circunstancia...

Mi Reflexión...
_____
_____
_____
_____
_____
_____

Dios conmigo y en mí SIEMPRE...

Mi Reflexión...
_____
_____
_____
_____
_____
_____

NADA es en mi contra, TODO es a mi favor...

Mi Reflexión...
_____
_____
_____
_____
_____
_____

Mi bienestar es innegociable...

Mi Reflexión...
_____
_____
_____
_____
_____
_____

Hoy recibo para SER y VIVIR...

Mi Reflexión...
_____
_____
_____
_____
_____
_____

Fecha hoy...

Palabra del Día...
Aquiétate...

*Mi espíritu es mayor
que mi circunstancia...*

Mi Reflexión...
_____
_____
_____
_____
_____
_____
_____

Dios conmigo y en mí SIEMPRE...

Mi Reflexión...
_____
_____
_____
_____
_____
_____

*NADA es en mi contra,
TODO es a mi favor...*

Mi Reflexión...
_____
_____
_____
_____
_____
_____

Mi bienestar es innegociable...

Mi Reflexión...
_____
_____
_____
_____
_____
_____

Hoy recibo para SER y VIVIR...

Mi Reflexión...
_____
_____
_____
_____
_____
_____

Hace años volví al piso con una caída que me llevó a tres meses de aquietarme y editar. Mi Dios se encargó de TODO lo demás, el reto mayor YO MISMA y escuché clarito "O te dejas ayudar o..." Fue tiempo de romper con limitante, editar mi VIVIR y comenzar a otro paso.

Hoy... comienzo a VIVIR el año de evolucionar luego de esa experiencia y seguir con la vivencia. A partir de hoy se edita lo desagradable en lo agradable y comienza otro paso en lo que me toca. Proyectos Nuevos desde el fundamento desarrollado por tantos años... para apoyar a otros a encontrar su paso, Su Dios y su propósito más allá de expectativas propias o adoptadas que lo desvinculan de su disfrute, seguridad, ganancia y bienestar.

AGRADECIDA de Dios de haberme apoyado inmensamente (como desde el día que decidí encarnarme) a los que entraron conmigo a esta experiencia común y van evolucionando conmigo, a los que fueron provisión temporal para superar los retos del momento... pero en especial a aquellos que han seguido conmigo de cerca o de lejos pues son parte de mi ganancia y serán testigos (como lo fueron en ese evento) de cómo Dios hace las cosas y hay que dejar que las haga hasta en contra de nosotros mismos. Un caminar despacio a evolucionar y a una edición consciente de un compromiso revisado... organizado... asumido…revelado…manifestado… compartido y validado hasta llegar a ser Mi estilo de VIVIR.

Ser Guía y Maestra en VIVIR como yo vivo ha sido la encomienda para este año y llegando a VIVIR más años haciéndolo... por encomienda y solicitud.. madurado el cómo... Lista, Dispuesta y Capaz

Cita Libro Guía Personalizada (Biblia)

*Salmo 37:7
Quieta en la presencia de Mi Dios me quedo
y espero con paciencia...*

Fecha hoy...

Mi espíritu es mayor que mi circunstancia...

Mi Reflexión...
_____
_____
_____
_____
_____

Dios conmigo y en mí SIEMPRE...

Mi Reflexión...
_____
_____
_____
_____

NADA es en mi contra, TODO es a mi favor...

Mi Reflexión...
_____
_____
_____
_____

Mi bienestar es innegociable...

Mi Reflexión...
_____
_____
_____
_____

Hoy recibo para SER y VIVIR...

Mi Reflexión...
_____
_____
_____
_____

Fecha hoy...

Mi espíritu es mayor que mi circunstancia...

Mi Reflexión...

Dios conmigo y en mí SIEMPRE...

Mi Reflexión...

NADA es en mi contra, TODO es a mi favor...

Mi Reflexión...

Mi bienestar es innegociable...

Mi Reflexión...

Hoy recibo para SER y VIVIR...

Mi Reflexión...

Fecha hoy...

Mi espíritu es mayor que mi circunstancia...

Mi Reflexión...

_____
_____
_____
_____
_____

Dios conmigo y en mí SIEMPRE...

Mi Reflexión...

_____
_____
_____
_____
_____

NADA es en mi contra, TODO es a mi favor...

Mi Reflexión...

_____
_____
_____
_____
_____

Mi bienestar es innegociable...

Mi Reflexión...

_____
_____
_____
_____
_____

Hoy recibo para SER y VIVIR...

Mi Reflexión...

_____
_____
_____
_____
_____

Fecha hoy...

Mi espíritu es mayor que mi circunstancia...

Mi Reflexión...

_____
_____
_____
_____
_____

Dios conmigo y en mí SIEMPRE...

Mi Reflexión...

_____
_____
_____
_____
_____

NADA es en mi contra, TODO es a mi favor...

Mi Reflexión...

_____
_____
_____
_____
_____

Mi bienestar es innegociable...

Mi Reflexión...

_____
_____
_____
_____
_____

Hoy recibo para SER y VIVIR...

Mi Reflexión...

_____
_____
_____
_____
_____

Fecha hoy...

*Mi espíritu es mayor
que mi circunstancia...*

Mi Reflexión...
_____
_____
_____
_____
_____

Dios conmigo y en mí SIEMPRE...

Mi Reflexión...
_____
_____
_____
_____

*NADA es en mi contra,
TODO es a mi favor...*

Mi Reflexión...
_____
_____
_____
_____

Mi bienestar es innegociable...

Mi Reflexión...
_____
_____
_____
_____

Hoy recibo para SER y VIVIR...

Mi Reflexión...
_____
_____
_____
_____

Fecha hoy...

*Mi espíritu es mayor
que mi circunstancia...*

Mi Reflexión...
_____
_____
_____
_____
_____

Dios conmigo y en mí SIEMPRE...

Mi Reflexión...
_____
_____
_____
_____

*NADA es en mi contra,
TODO es a mi favor...*

Mi Reflexión...
_____
_____
_____
_____

Mi bienestar es innegociable...

Mi Reflexión...
_____
_____
_____
_____

Hoy recibo para SER y VIVIR...

Mi Reflexión...
_____
_____
_____
_____

Fecha hoy...

Palabra del Día...
Cumple...

Mi espíritu es mayor que mi circunstancia...

Dios conmigo y en mí SIEMPRE...

NADA es en mí contra, TODO es a mi favor...

Mi bienestar es innegociable...

Hoy recibo para SER y VIVIR...

Honrando y recordando…hay momentos incomparables que transforman el VIVIR y hacen atesorar lo vivido.

AGRADECIDA de mi portal a la evolución…

En la madrugada del 16. enero. 1991.. mientras se anunciaba una "Tormenta en el Desierto", entre mis brazos entregué a Dios la madre que me parió luego de haberme notificado en sus últimas palabras "me tengo que ir" ... mi respuesta, "haz lo que tengas que hacer... a mí me quedan cosas por hacer aquí"..
..A la 1am expiro. Un tibio y reconfortante abrazo desde su espíritu me dio y temblando la orfandad física comenzó, al igual que su compañía desde un plano superior... cuando sus alas recibió. Despidiéndola físicamente con un "Gracias por ser mi mamá" y puente a esta vida natural, comenzó mi caminar consiente solo con la seguridad del amor incondicional de Mi Dios…

Viviendo desde un recibir, investigar, organizar, validar, descubrir, reconocer, entender, acceder, aceptar y sobre todo asumir la responsabilidad de escribir una novela con todos los matices revelados... en honor a los que me precedieron comienza la travesía a completar los escritos necesarios para editarla. Una novela integrada con mis mundos natural y el sobrenatural... el natural vivido y el sobrenatural revelado, en muchos de los eventos viceversa. Ningún relato mejor que el VIVIR y ningún mejor escritor que quien por su sangre lo lleva.

Celebrando un propósito cumplido, honrando la madre que me parió y ... en la tarea indescriptible de ser mamá y más loable la mía... reconociendo en mí una hija dispar... Perteneciendo al clan que me acogió y por la sangre compartida. estoy lista, dispuesta y capaz a completar la misión asumida..nuestra historia compartida.

Cita Libro Guía Personalizada (Biblia)

Salmo 57:2
Mi Dios cumple su propósito en mí...

Fecha hoy...

Mi espíritu es mayor que mi circunstancia...

Mi Reflexión...
_____
_____
_____
_____
_____
_____

Dios conmigo y en mí SIEMPRE...

Mi Reflexión...
_____
_____
_____
_____
_____
_____

NADA es en mi contra, TODO es a mi favor...

Mi Reflexión...
_____
_____
_____
_____
_____
_____

Mi bienestar es innegociable...

Mi Reflexión...
_____
_____
_____
_____
_____

Hoy recibo para SER y VIVIR...

Mi Reflexión...
_____
_____
_____
_____
_____
_____

Fecha hoy...

Mi espíritu es mayor que mi circunstancia...

Mi Reflexión...
_____
_____
_____
_____
_____
_____

Dios conmigo y en mí SIEMPRE...

Mi Reflexión...
_____
_____
_____
_____
_____
_____

NADA es en mi contra, TODO es a mi favor...

Mi Reflexión...
_____
_____
_____
_____
_____
_____

Mi bienestar es innegociable...

Mi Reflexión...
_____
_____
_____
_____
_____

Hoy recibo para SER y VIVIR...

Mi Reflexión...
_____
_____
_____
_____
_____
_____

Fecha hoy...

Mi espíritu es mayor que mi circunstancia...

Mi Reflexión...

_____
_____
_____
_____
_____

Dios conmigo y en mí SIEMPRE...

Mi Reflexión...

_____
_____
_____
_____
_____

NADA es en mi contra, TODO es a mi favor...

Mi Reflexión...

_____
_____
_____
_____
_____

Mi bienestar es innegociable...

Mi Reflexión...

_____
_____
_____
_____
_____

Hoy recibo para SER y VIVIR...

Mi Reflexión...

_____
_____
_____
_____
_____

Fecha hoy...

Mi espíritu es mayor que mi circunstancia...

Mi Reflexión...

Dios conmigo y en mí SIEMPRE...

Mi Reflexión...

NADA es en mi contra, TODO es a mi favor...

Mi Reflexión...

Mi bienestar es innegociable...

Mi Reflexión...

Hoy recibo para SER y VIVIR...

Mi Reflexión...

Fecha hoy...

Fecha hoy...

Mi espíritu es mayor
que mi circunstancia...

Mi Reflexión...
_____
_____
_____
_____
_____

Dios conmigo y en mí SIEMPRE...

Mi Reflexión...
_____
_____
_____
_____
_____

NADA es en mi contra,
TODO es a mi favor...

Mi Reflexión...
_____
_____
_____
_____
_____

Mi bienestar es innegociable...

Mi Reflexión...
_____
_____
_____
_____
_____

Hoy recibo para SER y VIVIR...

Mi Reflexión...
_____
_____
_____
_____
_____

Mi espíritu es mayor
que mi circunstancia...

Mi Reflexión...
_____
_____
_____
_____
_____

Dios conmigo y en mí SIEMPRE...

Mi Reflexión...
_____
_____
_____
_____
_____

NADA es en mi contra,
TODO es a mi favor...

Mi Reflexión...
_____
_____
_____
_____
_____

Mi bienestar es innegociable...

Mi Reflexión...
_____
_____
_____
_____
_____

Hoy recibo para SER y VIVIR...

Mi Reflexión...
_____
_____
_____
_____
_____

Fecha hoy...

Palabra del Día... Celébrate...

Mi espíritu es mayor que mi circunstancia...

_____
_____
_____
_____
_____
_____

Dios conmigo y en mí SIEMPRE...

_____
_____
_____
_____
_____
_____

NADA es en mi contra, TODO es a mi favor...

_____
_____
_____
_____
_____
_____

Mi bienestar es innegociable...

_____
_____
_____
_____
_____
_____

Hoy recibo para SER y VIVIR...

_____
_____
_____
_____

Ha sido un día de pura gratitud... Celebrar mi nacimiento natural (hubo revisión en le camino) Primero siempre AGRADECIDA de Mi Dios por regalarme vida en abundancia, fuera de todo pronóstico natural.

Reconozco en cada momento de mi VIVIR que soy Su Milagro y mi compromiso fue, es y será... hacer lo que me toca en disfrute, seguridad, ganancia y bienestar por Su Voluntad hasta en contra de mi misma, pues Dios conmigo y en mí SIEMPRE.

A cada gesto, mensaje, intención y buenos deseos mi GRATITUD INFINITA. A cada uno de los que invirtieron de su tiempo en recordarme de manera especial en este día.. AGRADECIDA quedo por el privilegio de los sentimientos que los inspira y los que en mi provocan.

Los detalles demuestran cuanto me conocen y el esmero por que tuviera el mejor de los días. Cada mensaje cualquier medio y cada intención de los cercanos, los lejanos, íntimos o relacionados, ha sido una hermosa oportunidad de contar mis bendiciones y reconocer que se va haciendo la obra encomendada.

Un nuevo comienzo revelado hoy (así como hago con otros, hoy me tocó a mi organizar mi año nuevo personal) garantiza que la misión por cumplir es clara... Apoyar las almas en custodia será mi honor servir y así VIVIR... por muchos años más, en salud y felicidad según los deseos que de ustedes recibí y la, plenitud resultante de con Propósito Mayor existir.

SIEMPRE PA'LANTE con DIOS a una nueva etapa en salud, productiva y funcional…

Cita Libro Guía Personalizada (Biblia)

Deuteronomio 26:11
Celebro todo lo que, Mi Dios me da...

Fecha hoy...

Mi espíritu es mayor que mi circunstancia...

Mi Reflexión...

_____
_____
_____
_____
_____
_____

Dios conmigo y en mí SIEMPRE...

Mi Reflexión...

_____
_____
_____
_____
_____

NADA es en mi contra, TODO es a mi favor...

Mi Reflexión...

_____
_____
_____
_____
_____

Mi bienestar es innegociable...

Mi Reflexión...

_____
_____
_____
_____
_____

Hoy recibo para SER y VIVIR...

Mi Reflexión...

_____
_____
_____
_____
_____

Fecha hoy...

Mi espíritu es mayor que mi circunstancia...

Mi Reflexión...

_____
_____
_____
_____
_____
_____

Dios conmigo y en mí SIEMPRE...

Mi Reflexión...

_____
_____
_____
_____
_____

NADA es en mi contra, TODO es a mi favor...

Mi Reflexión...

_____
_____
_____
_____
_____

Mi bienestar es innegociable...

Mi Reflexión...

_____
_____
_____
_____
_____

Hoy recibo para SER y VIVIR...

Mi Reflexión...

_____
_____
_____
_____
_____

Fecha hoy...

Mi espíritu es mayor que mi circunstancia...

Mi Reflexión...
_____
_____
_____
_____
_____

Dios conmigo y en mí SIEMPRE...

Mi Reflexión...
_____
_____
_____
_____
_____

NADA es en mi contra, TODO es a mi favor...

Mi Reflexión...
_____
_____
_____
_____
_____

Mi bienestar es innegociable...

Mi Reflexión...
_____
_____
_____
_____
_____

Hoy recibo para SER y VIVIR...

Mi Reflexión...
_____
_____
_____
_____
_____

Fecha hoy...

Mi espíritu es mayor que mi circunstancia...

Mi Reflexión...
_____
_____
_____
_____
_____

Dios conmigo y en mí SIEMPRE...

Mi Reflexión...
_____
_____
_____
_____
_____

NADA es en mi contra, TODO es a mi favor...

Mi Reflexión...
_____
_____
_____
_____
_____

Mi bienestar es innegociable...

Mi Reflexión...
_____
_____
_____
_____
_____

Hoy recibo para SER y VIVIR...

Mi Reflexión...
_____
_____
_____
_____
_____

Fecha hoy...

Mi espíritu es mayor que mi circunstancia...

Mi Reflexión...
_____
_____
_____
_____
_____
_____

Dios conmigo y en mí SIEMPRE...

Mi Reflexión...
_____
_____
_____
_____
_____

NADA es en mi contra, TODO es a mi favor...

Mi Reflexión...
_____
_____
_____
_____
_____

Mi bienestar es innegociable...

Mi Reflexión...
_____
_____
_____
_____
_____

Hoy recibo para SER y VIVIR...

Mi Reflexión...
_____
_____
_____
_____
_____

Fecha hoy...

Mi espíritu es mayor que mi circunstancia...

Mi Reflexión...
_____
_____
_____
_____
_____
_____

Dios conmigo y en mí SIEMPRE...

Mi Reflexión...
_____
_____
_____
_____
_____

NADA es en mi contra, TODO es a mi favor...

Mi Reflexión...
_____
_____
_____
_____
_____

Mi bienestar es innegociable...

Mi Reflexión...
_____
_____
_____
_____
_____

Hoy recibo para SER y VIVIR...

Mi Reflexión...
_____
_____
_____
_____
_____

Fecha hoy...

Palabra del Día...
Valora...

*Mi espíritu es mayor
que mi circunstancia...*

_____
_____
_____
_____
_____

Dios conmigo y en mí SIEMPRE...

_____
_____
_____
_____
_____

*NADA es en mí contra,
TODO es a mi favor...*

_____
_____
_____
_____
_____

Mi bienestar es innegociable...

_____
_____
_____
_____
_____

Hoy recibo para SER y VIVIR...

_____
_____
_____
_____
_____

En ocasiones el pasado vuelve para mostrarle a los que te dejaron ir que pueden ofrecerle mucho, pero como tú... nadie.

Se extraña con nostalgia seres insustituibles, irreemplazables e inolvidables, que nos acompañan en memorias hermosas, amores para la historia, relaciones eternas que llenan el alma, parentescos inevitables. entre secretos, complicidades, acuerdos, promesas eternas y privilegios inquebrantables. Más sobre todo... el pasado vuelve para que sepas que más allá de lo que vivas, favorable o desfavorablemente y aunque lo consideres grandes pérdidas, DIOS SIEMPRE te ha acompañado, provisto, guardado, guiado, iluminado y prosperado. Que siempre ha estado presente y lo seguirá estando, aunque a veces pienses que de ti se ha olvidado en medio de tu quebranto.

Un día te tocará entender, inevitablemente, que en una parte del camino... cuando más tormentoso esté y sin fuerzas quedes... que SOLO DIOS es tu solución para resolver y te puede socorrer como cuando ante la partida indeseada de alguien, en pedazos quedaste sintiéndote desvanecer.

Hoy ese pasado vuelve a recordarme los hermosos seres que me acompañaron en este plano y a su Origen volvieron. En su Mundo paralelo al mío viajamos...los siento conmigo y en sus manifiestos me recuerdan que el amor se crece cuando la presencia física desaparece y que la distancia se desvanece.

Honro a diario a los que me precedieron al mundo sobrenatural, sabiéndolos cerquita de Dios e iluminados en Su luz algunos y otros de vuelta entre los que estamos en este plano.

Cita Libro Guía Personalizada (Biblia)

*Proverbios 4:8
Valoro la sabiduría y ella me engrandece...*

Fecha hoy...

Mi espíritu es mayor que mi circunstancia...

Mi Reflexión...
_____
_____
_____
_____
_____

Dios conmigo y en mí SIEMPRE...

Mi Reflexión...
_____
_____
_____
_____
_____

NADA es en mi contra, TODO es a mi favor...

Mi Reflexión...
_____
_____
_____
_____
_____

Mi bienestar es innegociable...

Mi Reflexión...
_____
_____
_____
_____
_____

Hoy recibo para SER y VIVIR...

Mi Reflexión...
_____
_____
_____
_____
_____

Fecha hoy...

Mi espíritu es mayor que mi circunstancia...

Mi Reflexión...
_____
_____
_____
_____
_____

Dios conmigo y en mí SIEMPRE...

Mi Reflexión...
_____
_____
_____
_____
_____

NADA es en mi contra, TODO es a mi favor...

Mi Reflexión...
_____
_____
_____
_____
_____

Mi bienestar es innegociable...

Mi Reflexión...
_____
_____
_____
_____
_____

Hoy recibo para SER y VIVIR...

Mi Reflexión...
_____
_____
_____
_____
_____

Fecha hoy...

Mi espíritu es mayor que mi circunstancia...

Mi Reflexión...
_____
_____
_____
_____
_____

Dios conmigo y en mí SIEMPRE...

Mi Reflexión...
_____
_____
_____
_____
_____

NADA es en mi contra, TODO es a mi favor...

Mi Reflexión...
_____
_____
_____
_____
_____

Mi bienestar es innegociable...

Mi Reflexión...
_____
_____
_____
_____
_____

Hoy recibo para SER y VIVIR...

Mi Reflexión...
_____
_____
_____
_____
_____

Fecha hoy...

Mi espíritu es mayor que mi circunstancia...

Mi Reflexión...
_____
_____
_____
_____
_____

Dios conmigo y en mí SIEMPRE...

Mi Reflexión...
_____
_____
_____
_____
_____

NADA es en mi contra, TODO es a mi favor...

Mi Reflexión...
_____
_____
_____
_____
_____

Mi bienestar es innegociable...

Mi Reflexión...
_____
_____
_____
_____
_____

Hoy recibo para SER y VIVIR...

Mi Reflexión...
_____
_____
_____
_____
_____

Fecha hoy...

Mi espíritu es mayor que mi circunstancia...

Mi Reflexión...
_____
_____
_____
_____
_____

Dios conmigo y en mí SIEMPRE...

Mi Reflexión...
_____
_____
_____
_____
_____

NADA es en mi contra, TODO es a mi favor...

Mi Reflexión...
_____
_____
_____
_____
_____

Mi bienestar es innegociable...

Mi Reflexión...
_____
_____
_____
_____
_____

Hoy recibo para SER y VIVIR...

Mi Reflexión...
_____
_____
_____
_____
_____

Fecha hoy...

Mi espíritu es mayor que mi circunstancia...

Mi Reflexión...
_____
_____
_____
_____
_____

Dios conmigo y en mí SIEMPRE...

Mi Reflexión...
_____
_____
_____
_____
_____

NADA es en mi contra, TODO es a mi favor...

Mi Reflexión...
_____
_____
_____
_____
_____

Mi bienestar es innegociable...

Mi Reflexión...
_____
_____
_____
_____
_____

Hoy recibo para SER y VIVIR...

Mi Reflexión...
_____
_____
_____
_____
_____

Fecha hoy...

Palabra del Día...
Confía...

*Mi espíritu es mayor
que mi circunstancia...*

Mi Reflexión...

_____
_____
_____
_____
_____
_____

Dios conmigo y en mí SIEMPRE...

Mi Reflexión...

_____
_____
_____
_____
_____

*NADA es en mi contra,
TODO es a mi favor...*

Mi Reflexión...

_____
_____
_____
_____
_____

Mi bienestar es innegociable...

Mi Reflexión...

_____
_____
_____
_____
_____

Hoy recibo para SER y VIVIR...

Mi Reflexión...

_____
_____
_____
_____
_____

Cuando el mundo parece dejar de girar hay que parar, quebrarse, descomponerse y que las lágrimas ahoguen lo que reste para transitar en la turbulencia y rescatarse antes de continuar.

Una vez transitado lo necesario y trascendido, más allá de la opinión pública o las expectativas... la vida nos regala la oportunidad de recibir las respuestas necesarias para cada pregunta, la clarificación de cada duda y el paraque haberlo pasado.

Actuar desde la Voluntad de Dios... hasta en contra de mí misma, ha sido ese salto al vacío desde ese día que hoy reconozco trascendental. Decisiones sin explicaciones posibles que satisfagan la necesidad de los testigos, implicados, los involucrados y los protagonistas. Respuestas...muchas, hasta algunas sin preguntas. Revelaciones... las necesarias. Confirmaciones... extraordinarias.

Imprevistos... todos. Incertidumbre... constante. Todo y más de lo explicable que provoca temores, ansiedades, malestares, dolores, inseguridades y agobios inimaginables. Sin embargo... el haber sobrevivido, superado, compartido y contado las experiencias que me han llenado de vivencias el alma, me de confianza para avanzar y continuar saltando al vacío, confiando que Dios me lleva del hilo…

AGRADECIDA de seres que desde la distancia o en la cotidianidad, han hecho su parte para acompañarme a saltar y que más allá de lo intenso, la trayectoria haya sido en paz, bendición, crecimiento, sin agobio, en seguridad, ganancia y bienestar... hasta la caída que me ha hecho impulsarme en la subida. Mientras haya pendientes. saltar al vacío es la consigna, sabiendo por experiencia que SIEMPRE Dios va en mí y conmigo, que NADA es en mi contra, que TODO es a mi favor desde el salto hasta en Su Plan la caída.

Cita Libro Guía Personalizada (Biblia)

Isaías 9:1
Mi futuro es de gloria...

Fecha hoy...

Mi espíritu es mayor que mi circunstancia...

Mi Reflexión...
_____
_____
_____
_____
_____

Dios conmigo y en mí SIEMPRE...

Mi Reflexión...
_____
_____
_____
_____
_____

NADA es en mi contra, TODO es a mi favor...

Mi Reflexión...
_____
_____
_____
_____
_____

Mi bienestar es innegociable...

Mi Reflexión...
_____
_____
_____
_____
_____

Hoy recibo para SER y VIVIR...

Mi Reflexión...
_____
_____
_____
_____
_____

Fecha hoy...

Mi espíritu es mayor que mi circunstancia...

Mi Reflexión...
_____
_____
_____
_____
_____

Dios conmigo y en mí SIEMPRE...

Mi Reflexión...
_____
_____
_____
_____
_____

NADA es en mi contra, TODO es a mi favor...

Mi Reflexión...
_____
_____
_____
_____
_____

Mi bienestar es innegociable...

Mi Reflexión...
_____
_____
_____
_____
_____

Hoy recibo para SER y VIVIR...

Mi Reflexión...
_____
_____
_____
_____
_____

Fecha hoy...

Mi espíritu es mayor que mi circunstancia...

Mi Reflexión...

_____
_____
_____
_____
_____

Dios conmigo y en mí SIEMPRE...

Mi Reflexión...

_____
_____
_____
_____
_____

NADA es en mi contra, TODO es a mi favor...

Mi Reflexión...

_____
_____
_____
_____
_____

Mi bienestar es innegociable...

Mi Reflexión...

_____
_____
_____
_____
_____

Hoy recibo para SER y VIVIR...

Mi Reflexión...

_____
_____
_____
_____
_____

Fecha hoy...

Mi espíritu es mayor que mi circunstancia...

Mi Reflexión...

_____
_____
_____
_____
_____

Dios conmigo y en mí SIEMPRE...

Mi Reflexión...

_____
_____
_____
_____
_____

NADA es en mi contra, TODO es a mi favor...

Mi Reflexión...

_____
_____
_____
_____
_____

Mi bienestar es innegociable...

Mi Reflexión...

_____
_____
_____
_____
_____

Hoy recibo para SER y VIVIR...

Mi Reflexión...

_____
_____
_____
_____
_____

Fecha hoy...

Mi espíritu es mayor
que mi circunstancia...

Mi Reflexión...

_____
_____
_____
_____
_____
_____

Dios conmigo y en mí SIEMPRE...

Mi Reflexión...

_____
_____
_____
_____
_____
_____

NADA es en mi contra,
TODO es a mi favor...

Mi Reflexión...

_____
_____
_____
_____
_____
_____

Mi bienestar es innegociable...

Mi Reflexión...

_____
_____
_____
_____
_____
_____

Hoy recibo para SER y VIVIR...

Mi Reflexión...

_____
_____
_____
_____
_____
_____

Fecha hoy...

Mi espíritu es mayor
que mi circunstancia...

Mi Reflexión...

_____
_____
_____
_____
_____
_____

Dios conmigo y en mí SIEMPRE...

Mi Reflexión...

_____
_____
_____
_____
_____
_____

NADA es en mi contra,
TODO es a mi favor...

Mi Reflexión...

_____
_____
_____
_____
_____
_____

Mi bienestar es innegociable...

Mi Reflexión...

_____
_____
_____
_____
_____
_____

Hoy recibo para SER y VIVIR...

Mi Reflexión...

_____
_____
_____
_____
_____
_____

Fecha hoy...

Palabra del Día...
Avanza...

*Mi espíritu es mayor
que mi circunstancia...*

_____
_____
_____
_____
_____

Dios conmigo y en mí SIEMPRE...

_____
_____
_____
_____
_____

*NADA es en mí contra,
TODO es a mi favor...*

_____
_____
_____
_____
_____

Mi bienestar es innegociable...

_____
_____
_____
_____
_____

Hoy recibo para SER y VIVIR...

_____
_____
_____
_____
_____

Al pasar el tiempo y seguir viviendo hay que revisar para reconocer, que muchas cosas cumplieron y hay que dejarlas agradeciendo..., las más intensas prevalecen y se alberga la esperanza de rescatar lo mejor de lo que una vez se creyó eterno. Recordar con nostalgia cuan felices fuimos puede restar a lo felices que hoy podemos estar.Nada puede ser mejor que estar vivos pues siempre la esperanza prevalecerá ante futuro incierto. Mientras aquí estemos hay remedio... para superar el quebranto, extrañar amando, apoyar a los cercanos, saber que Dios es INMENSAMENTE bueno y provee todo lo necesario, para que superemos los retos del momento, para que en el futuro sepamos cuan felices fuimos. Cuando el hoy sea pasado..tal vez se vea más claro. Cuando validemos que más allá de la distancia el amor nos sigue acompañando en cada pensamiento diario, podremos abrazar recuerdos que nos conecten, sabiendo que amar nunca es demasiado.

Hoy que extrañamos lo que tuvimos y repasamos lo vivido, revisamos donde estamos y para donde vamos... rescatemos del pasado lo que nos hace extrañarnos y VIVIR mejor como lo hicimos en antaño, en esos momentos mágicos donde todo era hermoso y donde los retos fueron superados con amor y respeto... donde la paz reina y la hermandad es la bandera. Desde la inocencia grata hasta la vejez serena, con lo que hay y con lo que falta... siendo lo más importante contar con alguien solo nos ame, escuche y abrace para puedas trasladarte a un pasado hermoso, en un presente espectacular, inspirándote a conquistar un futuro sin igual...Un futuro seguro comienza en un presente de paz desde un pasado en serenidad…. Nos merecemos una nueva oportunidad, esta vez podemos mejor hacerlo, avancemos.

Cita Libro Guía Personalizada (Biblia)

*Filipenses 3:13
Fijo mi mirada en lo que tengo...*

Fecha hoy...

Mi espíritu es mayor que mi circunstancia...

Mi Reflexión...
_____
_____
_____
_____
_____

Dios conmigo y en mí SIEMPRE...

Mi Reflexión...
_____
_____
_____
_____
_____

NADA es en mi contra, TODO es a mi favor...

Mi Reflexión...
_____
_____
_____
_____
_____

Mi bienestar es innegociable...

Mi Reflexión...
_____
_____
_____
_____
_____

Hoy recibo para SER y VIVIR...

Mi Reflexión...
_____
_____
_____
_____
_____

Fecha hoy...

Mi espíritu es mayor que mi circunstancia...

Mi Reflexión...
_____
_____
_____
_____
_____

Dios conmigo y en mí SIEMPRE...

Mi Reflexión...
_____
_____
_____
_____
_____

NADA es en mi contra, TODO es a mi favor...

Mi Reflexión...
_____
_____
_____
_____
_____

Mi bienestar es innegociable...

Mi Reflexión...
_____
_____
_____
_____
_____

Hoy recibo para SER y VIVIR...

Mi Reflexión...
_____
_____
_____
_____
_____

Fecha hoy...

Mi espíritu es mayor
que mi circunstancia...

Mi Reflexión...
_____
_____
_____
_____
_____
_____

Dios conmigo y en mí SIEMPRE...

Mi Reflexión...
_____
_____
_____
_____
_____
_____

NADA es en mi contra,
TODO es a mi favor...

Mi Reflexión...
_____
_____
_____
_____
_____
_____

Mi bienestar es innegociable...

Mi Reflexión...
_____
_____
_____
_____
_____
_____

Hoy recibo para SER y VIVIR...

Mi Reflexión...
_____
_____
_____
_____
_____
_____

Fecha hoy...

Mi espíritu es mayor
que mi circunstancia...

Mi Reflexión...
_____
_____
_____
_____
_____
_____

Dios conmigo y en mí SIEMPRE...

Mi Reflexión...
_____
_____
_____
_____
_____
_____

NADA es en mi contra,
TODO es a mi favor...

Mi Reflexión...
_____
_____
_____
_____
_____
_____

Mi bienestar es innegociable...

Mi Reflexión...
_____
_____
_____
_____
_____
_____

Hoy recibo para SER y VIVIR...

Mi Reflexión...
_____
_____
_____
_____
_____
_____

Fecha hoy...

Mi espíritu es mayor
que mi circunstancia...

Mi Reflexión...
_____
_____
_____
_____
_____

Dios conmigo y en mí SIEMPRE...

Mi Reflexión...
_____
_____
_____
_____
_____

NADA es en mi contra,
TODO es a mi favor...

Mi Reflexión...
_____
_____
_____
_____
_____

Mi bienestar es innegociable...

Mi Reflexión...
_____
_____
_____
_____
_____

Hoy recibo para SER y VIVIR...

Mi Reflexión...
_____
_____
_____
_____
_____

Fecha hoy...

Mi espíritu es mayor
que mi circunstancia...

Mi Reflexión...
_____
_____
_____
_____
_____

Dios conmigo y en mí SIEMPRE...

Mi Reflexión...
_____
_____
_____
_____
_____

NADA es en mi contra,
TODO es a mi favor...

Mi Reflexión...
_____
_____
_____
_____
_____

Mi bienestar es innegociable...

Mi Reflexión...
_____
_____
_____
_____
_____

Hoy recibo para SER y VIVIR...

Mi Reflexión...
_____
_____
_____
_____
_____

Fecha hoy...

Palabra del Día...
Pausa...

Mi espíritu es mayor que mi circunstancia...

Mi Reflexión...
_____
_____
_____
_____
_____
_____

Dios conmigo y en mí SIEMPRE...

Mi Reflexión...
_____
_____
_____
_____
_____

NADA es en mí contra, TODO es a mí favor...

Mi Reflexión...
_____
_____
_____
_____
_____

Mi bienestar es innegociable...

Mi Reflexión...
_____
_____
_____
_____

Hoy recibo para SER y VIVIR...

Mi Reflexión...
_____
_____
_____
_____

Desconectarse de la rutina, apagar la mente, liberar el cuerpo, quebrarse emocionalmente para que el espiritu tenga su momento de iluminación y se pueda continuar en ganancia es esencial, aunque antes de la pausa, lo peor haya robado la ilusión, la razón, el más grande amor o la fuerza de la acción.

Recomenzar es iniciar con la ganancia plena de un nuevo amanecer luego de conocer la noche más oscura del alma. Una coma gramaticalmente es una pequeña pausa... místicamente un respirar que nos permite escoger responder en vez de reaccionar.

Un respiro separa el fracaso del éxito, la ofensa del consejo, el agravio del reconocimiento, la duda del entendimiento, la crítica de la opinión, del oír del escuchar, la pasión de la razón y el odio del amor, en una fracción mínima de tiempo donde el costo puede ser mayor que la inversión de una pausa y un res pi rar.

Por más intensamente que puedas VIVIR... regálate una pausa. En TODO lo que Dios nos permite experimentar hay propósito mayor y el deseo de SER, hacer o estar nos puede robar el privilegio de una pausa y un respirar para en lo mejor reenfocar.

Nada ni nadie puede robarte tu sueño, solo se permite pausar, respirar, repasar y retomar.. desde y para lo mejor. Aplica lo aprendido en lo ordinario para un mañana extraordinario.

Cita Libro Guía Personalizada (Biblia)

Miqueas 4:4
Vivo en paz y prosperidad...

Fecha hoy...

Mi espíritu es mayor que mi circunstancia...

Mi Reflexión...
_____
_____
_____
_____
_____
_____

Dios conmigo y en mí SIEMPRE...

Mi Reflexión...
_____
_____
_____
_____
_____
_____

NADA es en mi contra, TODO es a mi favor...

Mi Reflexión...
_____
_____
_____
_____
_____
_____

Mi bienestar es innegociable...

Mi Reflexión...
_____
_____
_____
_____
_____
_____

Hoy recibo para SER y VIVIR...

Mi Reflexión...
_____
_____
_____
_____
_____
_____

Fecha hoy...

Mi espíritu es mayor que mi circunstancia...

Mi Reflexión...
_____
_____
_____
_____
_____
_____

Dios conmigo y en mí SIEMPRE...

Mi Reflexión...
_____
_____
_____
_____
_____
_____

NADA es en mi contra, TODO es a mi favor...

Mi Reflexión...
_____
_____
_____
_____
_____
_____

Mi bienestar es innegociable...

Mi Reflexión...
_____
_____
_____
_____
_____
_____

Hoy recibo para SER y VIVIR...

Mi Reflexión...
_____
_____
_____
_____
_____
_____

Fecha hoy...

Mi espíritu es mayor
que mi circunstancia...

Mi Reflexión...
_____
_____
_____
_____
_____

Dios conmigo y en mí SIEMPRE...

Mi Reflexión...
_____
_____
_____
_____
_____

NADA es en mi contra,
TODO es a mi favor...

Mi Reflexión...
_____
_____
_____
_____
_____

Mi bienestar es innegociable...

Mi Reflexión...
_____
_____
_____
_____
_____

Hoy recibo para SER y VIVIR...

Mi Reflexión...
_____
_____
_____
_____
_____

Fecha hoy...

Mi espíritu es mayor
que mi circunstancia...

Mi Reflexión...
_____
_____
_____
_____
_____

Dios conmigo y en mí SIEMPRE...

Mi Reflexión...
_____
_____
_____
_____
_____

NADA es en mi contra,
TODO es a mi favor...

Mi Reflexión...
_____
_____
_____
_____
_____

Mi bienestar es innegociable...

Mi Reflexión...
_____
_____
_____
_____
_____

Hoy recibo para SER y VIVIR...

Mi Reflexión...
_____
_____
_____
_____
_____

Fecha hoy...

Fecha hoy...

Mi espíritu es mayor que mi circunstancia...

Mi Reflexión...

_____
_____
_____
_____
_____

Dios conmigo y en mí SIEMPRE...

Mi Reflexión...

_____
_____
_____
_____
_____

NADA es en mi contra, TODO es a mi favor...

Mi Reflexión...

_____
_____
_____
_____
_____

Mi bienestar es innegociable...

Mi Reflexión...

_____
_____
_____
_____
_____

Hoy recibo para SER y VIVIR...

Mi Reflexión...

_____
_____
_____
_____
_____

Mi espíritu es mayor que mi circunstancia...

Mi Reflexión...

Dios conmigo y en mí SIEMPRE...

Mi Reflexión...

NADA es en mi contra, TODO es a mi favor...

Mi Reflexión...

Mi bienestar es innegociable...

Mi Reflexión...

Hoy recibo para SER y VIVIR...

Mi Reflexión...

Fecha hoy...

Palabra del Día...
Escoge...

Mi espíritu es mayor que mi circunstancia...

Mi Reflexión...
_____
_____
_____
_____
_____

Dios conmigo y en mí SIEMPRE...

Mi Reflexión...
_____
_____
_____
_____
_____

NADA es en mi contra, TODO es a mi favor...

Mi Reflexión...
_____
_____
_____
_____
_____

Mi bienestar es innegociable...

Mi Reflexión...
_____
_____
_____
_____

Hoy recibo para SER y VIVIR...

Mi Reflexión...
_____
_____
_____
_____

Nada se pierde... solo se escapa, desde el respirar hasta dar las gracias.

Aprovecha todo lo que te queda, retoma lo que extrañas... todo lo que te hace bien y a todos hace feliz, es necesario compartir para que disfrutes lo que un día dejaste ir.

La turbulencia pasa y en ella solo Dios basta.

Retómate y vuelve a VIVIR... que, si algo se escapa, solo sea tu carga pesada, para que nada ni nadie te robe la serenidad del alma.

Todo está bien, como lo estuvo una vez y adelante lo estará también...aunque parezca que la sonrisa se escapa entre lágrimas, es parte natural de ver mejor la meta deseada.

Disfruta que estás y eso... ya es ganancia. Aprende lo necesario, que la seguridad te acompañe con el valor adecuado y superes la tristeza para que el bienestar prevalezca... más allá de las circunstancias.

Cada día su sorpresa guarda y hay que escoger si las aprovechas o se te escapan. Si crees que las pierdes, decide respirar y retomar... verás como todo a tu favor se acomoda y lo que piensas pierdes es solo que ha cumplido o algo mejor entorpece.

Un detente resuelve entre dos caminos escoger: agobiarte o disfrutar, dudar o entender, perder o aprender y molestarte o bien estar. Si algo de lo mejor se te escapa, has permitido que te roben la oportunidad necesaria para proteger la serenidad y permanecer en ganancia más allá de tus circunstancias. Aprende...
Escoge sabiamente.

Cita Libro Guía Personalizada (Biblia)

1 Reyes 5:12
Mi Dios me da la sabiduría que promete...

Fecha hoy...

Fecha hoy...

Mi espíritu es mayor
que mi circunstancia...

Mi Reflexión...
_____
_____
_____
_____
_____

Dios conmigo y en mí SIEMPRE...

Mi Reflexión...
_____
_____
_____
_____
_____

NADA es en mi contra,
TODO es a mi favor...

Mi Reflexión...
_____
_____
_____
_____
_____

Mi bienestar es innegociable...

Mi Reflexión...
_____
_____
_____
_____
_____

Hoy recibo para SER y VIVIR...

Mi Reflexión...
_____
_____
_____
_____
_____

Mi espíritu es mayor
que mi circunstancia...

Mi Reflexión...
_____
_____
_____
_____
_____

Dios conmigo y en mí SIEMPRE...

Mi Reflexión...
_____
_____
_____
_____
_____

NADA es en mi contra,
TODO es a mi favor...

Mi Reflexión...
_____
_____
_____
_____
_____

Mi bienestar es innegociable...

Mi Reflexión...
_____
_____
_____
_____
_____

Hoy recibo para SER y VIVIR...

Mi Reflexión...
_____
_____
_____
_____
_____

Fecha hoy...

Mi espíritu es mayor que mi circunstancia...

Mi Reflexión...
_____
_____
_____
_____
_____

Dios conmigo y en mí SIEMPRE...

Mi Reflexión...
_____
_____
_____
_____
_____

NADA es en mi contra, TODO es a mi favor...

Mi Reflexión...
_____
_____
_____
_____
_____

Mi bienestar es innegociable...

Mi Reflexión...
_____
_____
_____
_____
_____

Hoy recibo para SER y VIVIR...

Mi Reflexión...
_____
_____
_____
_____
_____

Fecha hoy...

Mi espíritu es mayor que mi circunstancia...

Mi Reflexión...
_____
_____
_____
_____
_____

Dios conmigo y en mí SIEMPRE...

Mi Reflexión...
_____
_____
_____
_____
_____

NADA es en mi contra, TODO es a mi favor...

Mi Reflexión...
_____
_____
_____
_____
_____

Mi bienestar es innegociable...

Mi Reflexión...
_____
_____
_____
_____
_____

Hoy recibo para SER y VIVIR...

Mi Reflexión...
_____
_____
_____
_____
_____

Fecha hoy...

Mi espíritu es mayor que mi circunstancia...

Mi Reflexión...
_____
_____
_____
_____
_____
_____

Dios conmigo y en mí SIEMPRE...

Mi Reflexión...
_____
_____
_____
_____
_____
_____

NADA es en mi contra, TODO es a mi favor...

Mi Reflexión...
_____
_____
_____
_____
_____
_____

Mi bienestar es innegociable...

Mi Reflexión...
_____
_____
_____
_____
_____
_____

Hoy recibo para SER y VIVIR...

Mi Reflexión...
_____
_____
_____
_____
_____
_____

Fecha hoy...

Mi espíritu es mayor que mi circunstancia...

Mi Reflexión...
_____
_____
_____
_____
_____
_____

Dios conmigo y en mí SIEMPRE...

Mi Reflexión...
_____
_____
_____
_____
_____
_____

NADA es en mi contra, TODO es a mi favor...

Mi Reflexión...
_____
_____
_____
_____
_____
_____

Mi bienestar es innegociable...

Mi Reflexión...
_____
_____
_____
_____
_____
_____

Hoy recibo para SER y VIVIR...

Mi Reflexión...
_____
_____
_____
_____
_____
_____

Fecha hoy...

Palabra del Día...
Ubícate...

Mi espíritu es mayor que mi circunstancia...

Mi Reflexión...

_____
_____
_____
_____
_____
_____

Dios conmigo y en mí SIEMPRE...

Mi Reflexión...

_____
_____
_____
_____
_____
_____

NADA es en mi contra, TODO es a mi favor...

Mi Reflexión...

_____
_____
_____
_____
_____
_____

Mi bienestar es innegociable...

Mi Reflexión...

_____
_____
_____
_____
_____
_____

Hoy recibo para SER y VIVIR...

Mi Reflexión...

_____
_____
_____
_____
_____
_____

Quien anda con cojos...al mes cojea y quien sabe que cojea, la acepta andando con ella donde todos entiendan que por cojear nunca se queda...quizás puede llegar a destiempo pero nunca sin llegar queda, reconociendo que lo más importante es llegar.

Nadie puede fingir toda la vida... nadie cambia (por más que lo promuevan) solo de otra manera cada cual se administra.

Los eventos que se presentan solo dejan en evidencia lo que para quien los experimentan representan y exponen la esencia en prioridad desde la mortal humanidad de cada cual. La felicidad es plena cuando se va por la vida con lo que nos añade valor por las experiencias compartidas y en conciencia solo en serenidad cierra los días.

Ni hay errores, ni fracasos... solo experiencias que regalan vivencias, aportan grandes lecciones de vida y nos muestran todo lo que necesitamos para reconocer y validar que lo necesario llevamos para transitar el sendero, superando cada reto, celebrando y agradeciendo lo completado y lo en proceso...según se vaya yendo.

Hay que detenerse en el andar para ver cuan cojo se va... Si vas cojeando dejaste de ser original y hay que volverse a ubicar pues entre cojos, la cojera es natural, se disfruta en seguridad, ganancia y bienestar... fluyendo por la vida a la velocidad que toca transitar...

¿Cojeas o ves a otros cojear? Avancemos donde y como nos toque andar. Ubícate.

Cita Libro Guía Personalizada (Biblia)

Ezequiel 40:10
Observo y escucho, presto mucha atención a lo que Mi Dios me muestra...

Fecha hoy...

Mi espíritu es mayor que mi circunstancia...

Mi Reflexión...
_____
_____
_____
_____
_____
_____

Dios conmigo y en mí SIEMPRE...

Mi Reflexión...
_____
_____
_____
_____
_____
_____

NADA es en mi contra, TODO es a mi favor...

Mi Reflexión...
_____
_____
_____
_____
_____
_____

Mi bienestar es innegociable...

Mi Reflexión...
_____
_____
_____
_____
_____
_____

Hoy recibo para SER y VIVIR...

Mi Reflexión...
_____
_____
_____
_____
_____
_____

Fecha hoy...

Mi espíritu es mayor que mi circunstancia...

Mi Reflexión...
_____
_____
_____
_____
_____
_____

Dios conmigo y en mí SIEMPRE...

Mi Reflexión...
_____
_____
_____
_____
_____
_____

NADA es en mi contra, TODO es a mi favor...

Mi Reflexión...
_____
_____
_____
_____
_____
_____

Mi bienestar es innegociable...

Mi Reflexión...
_____
_____
_____
_____
_____
_____

Hoy recibo para SER y VIVIR...

Mi Reflexión...
_____
_____
_____
_____
_____
_____

Fecha hoy...

Mi espíritu es mayor que mi circunstancia...

Mi Reflexión...
_____
_____
_____
_____
_____

Dios conmigo y en mí SIEMPRE...

Mi Reflexión...
_____
_____
_____
_____
_____

NADA es en mi contra, TODO es a mi favor...

Mi Reflexión...
_____
_____
_____
_____
_____

Mi bienestar es innegociable...

Mi Reflexión...
_____
_____
_____
_____
_____

Hoy recibo para SER y VIVIR...

Mi Reflexión...
_____
_____
_____
_____
_____

Fecha hoy...

Mi espíritu es mayor que mi circunstancia...

Mi Reflexión...
_____
_____
_____
_____
_____

Dios conmigo y en mí SIEMPRE...

Mi Reflexión...
_____
_____
_____
_____
_____

NADA es en mi contra, TODO es a mi favor...

Mi Reflexión...
_____
_____
_____
_____
_____

Mi bienestar es innegociable...

Mi Reflexión...
_____
_____
_____
_____
_____

Hoy recibo para SER y VIVIR...

Mi Reflexión...
_____
_____
_____
_____
_____

Fecha hoy...

Mi espíritu es mayor que mi circunstancia...

Mi Reflexión...
_____
_____
_____
_____
_____
_____

Dios conmigo y en mí SIEMPRE...

Mi Reflexión...
_____
_____
_____
_____
_____
_____

NADA es en mi contra, TODO es a mi favor...

Mi Reflexión...
_____
_____
_____
_____
_____
_____

Mi bienestar es innegociable...

Mi Reflexión...
_____
_____
_____
_____
_____
_____

Hoy recibo para SER y VIVIR...

Mi Reflexión...
_____
_____
_____
_____
_____

Fecha hoy...

Mi espíritu es mayor que mi circunstancia...

Mi Reflexión...
_____
_____
_____
_____
_____
_____

Dios conmigo y en mí SIEMPRE...

Mi Reflexión...
_____
_____
_____
_____
_____
_____

NADA es en mi contra, TODO es a mi favor...

Mi Reflexión...
_____
_____
_____
_____
_____
_____

Mi bienestar es innegociable...

Mi Reflexión...
_____
_____
_____
_____
_____
_____

Hoy recibo para SER y VIVIR...

Mi Reflexión...
_____
_____
_____
_____
_____

Fecha hoy...

Palabra del Día... Dios...

Mi espíritu es mayor que mi circunstancia...

_____
_____
_____
_____
_____

Dios conmigo y en mí SIEMPRE...

_____
_____
_____
_____
_____

NADA es en mi contra, TODO es a mi favor...

_____
_____
_____
_____
_____

Mi bienestar es innegociable...

_____
_____
_____
_____
_____

Hoy recibo para SER y VIVIR...

_____
_____
_____
_____
_____

Integrar el mundo Natural con el SobreNatural y VIVIR plenamente es fluir en lo necesario, haciendo lo natural llevadero y lo espiritual esencial.

Ninguno puede transitar por esta existencia sin reconocer un día que la mortal humanidad es limitada y limitante, haciendo inevitable invocar un Poder Superior y asistencia ilógica para superar lo que en lo natural se convierte en imposible.

El patrón de "Tu Dios".
... cómo lo ves, cómo es y tu relación confiable con lo que representa tu limite personal, hace que Dios sea contigo y en ti... en disfrute, seguridad, ganancia y bienestar SIEMPRE, más allá de lo que vivas.

El patrón más cercano a Dios ha sido, por promoción dogmática religiosa, la de un padre. La relación que se tenga con el padre natural define, limita y diseña la imagen de Dios, sus acciones, favores y la relación que tengamos con El. Quien quiera un Dios efectivo para su VIVIR, desde lo ordinario hasta lo extraordinario, desde lo posible a lo imposible le es indispensable revisar, organizar y editar su relación y experiencias con su padre natural... o encontrar la mejor relación humana que disfrute en seguridad, ganancia y bienestar para que ese patrón en autoridad sea el de su relación inicial con Su Dios.

A cada uno "Su Dios" le resuena de forma única... en una relación individual, intima, indelegable e impostergable en el momento acorado.

Mística es el éxtasis de la relación plena entre "Tu Dios" y tú... siendo práctica, productiva y funcional para tu beneficio, el de todos los involucrados en autoridad espiritual donde lo natural parezca en contra y se transforme a favor, SIEMPRE.

Cita Libro Guía Personalizada (Biblia)

Números 25:16
Mi Dios me alienta...

Fecha hoy...

Mi espíritu es mayor que mi circunstancia...

Mi Reflexión...
_____
_____
_____
_____
_____

Dios conmigo y en mí SIEMPRE...

Mi Reflexión...
_____
_____
_____
_____
_____

NADA es en mi contra, TODO es a mi favor...

Mi Reflexión...
_____
_____
_____
_____
_____

Mi bienestar es innegociable...

Mi Reflexión...
_____
_____
_____
_____
_____

Hoy recibo para SER y VIVIR...

Mi Reflexión...
_____
_____
_____
_____
_____

Fecha hoy...

Mi espíritu es mayor que mi circunstancia...

Mi Reflexión...
_____
_____
_____
_____
_____

Dios conmigo y en mí SIEMPRE...

Mi Reflexión...
_____
_____
_____
_____
_____

NADA es en mi contra, TODO es a mi favor...

Mi Reflexión...
_____
_____
_____
_____
_____

Mi bienestar es innegociable...

Mi Reflexión...
_____
_____
_____
_____
_____

Hoy recibo para SER y VIVIR...

Mi Reflexión...
_____
_____
_____
_____
_____

Fecha hoy...

Fecha hoy...

Mi espíritu es mayor
que mi circunstancia...

Mi Reflexión...

Dios conmigo y en mí SIEMPRE...

Mi Reflexión...

NADA es en mi contra,
TODO es a mi favor...

Mi Reflexión...

Mi bienestar es innegociable...

Mi Reflexión...

Hoy recibo para SER y VIVIR...

Mi Reflexión...

Mi espíritu es mayor
que mi circunstancia...

Mi Reflexión...

Dios conmigo y en mí SIEMPRE...

Mi Reflexión...

NADA es en mi contra,
TODO es a mi favor...

Mi Reflexión...

Mi bienestar es innegociable...

Mi Reflexión...

Hoy recibo para SER y VIVIR...

Mi Reflexión...

Fecha hoy...

Mi espíritu es mayor que mi circunstancia...

Mi Reflexión...
_____
_____
_____
_____
_____

Dios conmigo y en mí SIEMPRE...

Mi Reflexión...
_____
_____
_____
_____
_____

NADA es en mi contra, TODO es a mi favor...

Mi Reflexión...
_____
_____
_____
_____
_____

Mi bienestar es innegociable...

Mi Reflexión...
_____
_____
_____
_____
_____

Hoy recibo para SER y VIVIR...

Mi Reflexión...
_____
_____
_____
_____
_____

Fecha hoy...

Mi espíritu es mayor que mi circunstancia...

Mi Reflexión...
_____
_____
_____
_____
_____

Dios conmigo y en mí SIEMPRE...

Mi Reflexión...
_____
_____
_____
_____
_____

NADA es en mi contra, TODO es a mi favor...

Mi Reflexión...
_____
_____
_____
_____
_____

Mi bienestar es innegociable...

Mi Reflexión...
_____
_____
_____
_____
_____

Hoy recibo para SER y VIVIR...

Mi Reflexión...
_____
_____
_____
_____
_____

Fecha hoy...

Palabra del Día...
Comprende...

Mi espíritu es mayor que mi circunstancia...

Mi Reflexión...

_____
_____
_____
_____
_____
_____

Dios conmigo y en mí SIEMPRE...

Mi Reflexión...

_____
_____
_____
_____
_____
_____

NADA es en mi contra, TODO es a mi favor...

Mi Reflexión...

_____
_____
_____
_____
_____
_____

Mi bienestar es innegociable...

Mi Reflexión...

_____
_____
_____
_____
_____
_____

Hoy recibo para SER y VIVIR...

Mi Reflexión...

_____
_____
_____
_____
_____
_____

Cuando hablo de memoria celular en los talleres, explicarlo queda corto ante sentirlo y VIVIRlo... Cada parte de mi recuerda cíclicamente lo que he vivido con el propósito mayor de hacerme consciente de lo vivido, lo superado, lo aprendido y lo pendiente. Contamos con esta bitácora natural, que sin llevar notas se activa sobrenaturalmente a nuestro favor. Poseemos un archivo central manejado por esa maravillosa asistente que al llegar la fecha igual en cada año posterior a cuando lo experimentamos, nos hace una cita de revisión con nosotros mismos e identificar las ganancias y aprendizajes que han aportado a nuestra evolución. Espiritualmente hablando, lo identifico como la Misericordia de Mi Dios para que pueda reconocer que mi propósito se va cumpliendo, que voy evolucionando…qué hay que hacer ediciones sabias y maduras para la misma fecha en los años porVIVIR…. para mi bienestar y el de todos los involucrados.

Este proceso lo llamo VIVIR consciente, que es más allá de estar vivos y existir... es SER Y SER es VIVIR. Para editar en mi archivo central el evento que me hizo comprender (entender y sentirme bien con lo que entiendo) que VIVIR empieza por SER, que cada evento en el VIVIR tiene Propósito Mayor y que Dios es conmigo y en mí... a mi favor SIEMPRE, hasta en contra de mí misma. Ser Guía y Maestra en VIVIR como vivo, ... por encomienda y solicitud... madurado el cómo... Lista, Dispuesta y Capaz...Viva, Crecida y Fortalecida... Natural y Sobrenaturalmente con el paso sereno y seguro, en templanza y mansedumbre a la Voluntad Divina hago mi parte y que Mi Dios siga haciendo TODO lo demás.

NOTA: La memoria celular es una teoría que afirma que las células del cuerpo conservan memoria independientemente del cerebro.

Cita Libro Guía Personalizada (Biblia)

Proverbios 5:1
Presto atención a la sabiduría Divina y escucho su consejo...

Fecha hoy...

Mi espíritu es mayor que mi circunstancia...

Mi Reflexión...
_____
_____
_____
_____
_____
_____

Dios conmigo y en mí SIEMPRE...

Mi Reflexión...
_____
_____
_____
_____
_____
_____

NADA es en mi contra, TODO es a mi favor...

Mi Reflexión...
_____
_____
_____
_____
_____
_____

Mi bienestar es innegociable...

Mi Reflexión...
_____
_____
_____
_____
_____

Hoy recibo para SER y VIVIR...

Mi Reflexión...
_____
_____
_____
_____
_____

Fecha hoy...

Mi espíritu es mayor que mi circunstancia...

Mi Reflexión...
_____
_____
_____
_____
_____
_____

Dios conmigo y en mí SIEMPRE...

Mi Reflexión...
_____
_____
_____
_____
_____
_____

NADA es en mi contra, TODO es a mi favor...

Mi Reflexión...
_____
_____
_____
_____
_____
_____

Mi bienestar es innegociable...

Mi Reflexión...
_____
_____
_____
_____
_____

Hoy recibo para SER y VIVIR...

Mi Reflexión...
_____
_____
_____
_____
_____

Fecha hoy...

Fecha hoy...

Mi espíritu es mayor que mi circunstancia...

Mi Reflexión...

_____
_____
_____
_____
_____

Mi espíritu es mayor que mi circunstancia...

Mi Reflexión...

_____
_____
_____
_____
_____

Dios conmigo y en mí SIEMPRE...

Mi Reflexión...

_____
_____
_____
_____
_____

Dios conmigo y en mí SIEMPRE...

Mi Reflexión...

_____
_____
_____
_____
_____

NADA es en mi contra, TODO es a mi favor...

Mi Reflexión...

_____
_____
_____
_____
_____

NADA es en mi contra, TODO es a mi favor...

Mi Reflexión...

_____
_____
_____
_____
_____

Mi bienestar es innegociable...

Mi Reflexión...

_____
_____
_____
_____
_____

Mi bienestar es innegociable...

Mi Reflexión...

_____
_____
_____
_____
_____

Hoy recibo para SER y VIVIR...

Mi Reflexión...

_____
_____
_____
_____
_____

Hoy recibo para SER y VIVIR...

Mi Reflexión...

_____
_____
_____
_____
_____

Fecha hoy...

Mi espíritu es mayor que mi circunstancia...

Mi Reflexión...
_____
_____
_____
_____
_____

Dios conmigo y en mí SIEMPRE...

Mi Reflexión...
_____
_____
_____
_____
_____

NADA es en mi contra, TODO es a mi favor...

Mi Reflexión...
_____
_____
_____
_____
_____

Mi bienestar es innegociable...

Mi Reflexión...
_____
_____
_____
_____
_____

Hoy recibo para SER y VIVIR...

Mi Reflexión...
_____
_____
_____
_____
_____

Fecha hoy...

Mi espíritu es mayor que mi circunstancia...

Mi Reflexión...
_____
_____
_____
_____
_____

Dios conmigo y en mí SIEMPRE...

Mi Reflexión...
_____
_____
_____
_____
_____

NADA es en mi contra, TODO es a mi favor...

Mi Reflexión...
_____
_____
_____
_____
_____

Mi bienestar es innegociable...

Mi Reflexión...
_____
_____
_____
_____
_____

Hoy recibo para SER y VIVIR...

Mi Reflexión...
_____
_____
_____
_____
_____

Fecha hoy...

Palabra del Día...
Entrega...

Mi espíritu es mayor que mi circunstancia...

Mi Reflexión...

_____
_____
_____
_____
_____
_____

Dios conmigo y en mí SIEMPRE...

Mi Reflexión...

_____
_____
_____
_____
_____
_____

NADA es en mi contra, TODO es a mi favor...

Mi Reflexión...

_____
_____
_____
_____
_____
_____
_____

Mi bienestar es innegociable...

Mi Reflexión...

_____
_____
_____
_____
_____
_____

Hoy recibo para SER y VIVIR...

Mi Reflexión...

_____
_____
_____
_____
_____
_____

Honrando y recordando... hay momentos incomparables que transforman el VIVIR y hacen atesorar lo vivido. AGRADECIDA de mi portal a la evolución…

Una madrugada de enero mientras se anunciaba una Tormenta en el Desierto, entre mis brazos entregué a Dios la madre que me parió, luego de haberme notificado "me tengo que ir ... Mi respuesta "haz lo que tengas que hacer... a mí me quedan cosas por hacer aquí ... a la 1am expiró y un tibio reconfortante abrazo desde su espíritu me dio. Temblando la orfandad física comenzó, al igual que su compañía desde un plano superior, cuando sus alas recibió. Despidiéndola físicamente con un "Gracias por ser mi mamá" puente a esta vida natural, emprendí mi caminar consiente solo con la seguridad del amor incondicional de Dios..

Madurado mi recibir, investigar, organizar, validar, descubrir, reconocer, entender, acceder, aceptar y sobre todo asumir la responsabilidad de escribir una novela con todos los matices revelados... en honor a los que me precedieron, comienza la travesía a completar los escritos necesarios para editarla. Una novela integrada como mis mundos... el natural vivido y el sobrenatural revelado, en muchos de los eventos viceversa.

Cuando mi madre partió del mundo natural se abrió el portal espiritual necesario para evitar extrañarla y comenzar a disfrutarla desde su esencia sobrenatural. Reconociendo el propósito cumplido, honrando la madre que me parió en la tarea indescriptible de ser mamá (y más loable siendo la mía... una hija dispar a la mayoría) ... al clan que me acogió y por la sangre compartida... Revalido que estoy lista, dispuesta y capaz a completar la misión asumida. Para escribir hay que VIVIR y SER es VIVIR... Honrando la madre trascendida siendo agradecida.

Cita Libro Guía Personalizada (Biblia)

Isaías 66:12
Dios me da paz y prosperidad fluida que me alimenta y me lleva en sus brazo sostenida en sus piernas...

Fecha hoy...

Mi espíritu es mayor que mi circunstancia...

Mi Reflexión...
_____
_____
_____
_____
_____

Dios conmigo y en mí SIEMPRE...

Mi Reflexión...
_____
_____
_____
_____

NADA es en mi contra, TODO es a mi favor...

Mi Reflexión...
_____
_____
_____
_____
_____

Mi bienestar es innegociable...

Mi Reflexión...
_____
_____
_____
_____

Hoy recibo para SER y VIVIR...

Mi Reflexión...
_____
_____
_____
_____

Fecha hoy...

Mi espíritu es mayor que mi circunstancia...

Mi Reflexión...
_____
_____
_____
_____
_____

Dios conmigo y en mí SIEMPRE...

Mi Reflexión...
_____
_____
_____
_____

NADA es en mi contra, TODO es a mi favor...

Mi Reflexión...
_____
_____
_____
_____
_____

Mi bienestar es innegociable...

Mi Reflexión...
_____
_____
_____
_____

Hoy recibo para SER y VIVIR...

Mi Reflexión...
_____
_____
_____
_____

Fecha hoy...

Mi espíritu es mayor que mi circunstancia...

Mi Reflexión...
_____
_____
_____
_____
_____

Dios conmigo y en mí SIEMPRE...

Mi Reflexión...
_____
_____
_____
_____

NADA es en mi contra, TODO es a mi favor...

Mi Reflexión...
_____
_____
_____
_____
_____

Mi bienestar es innegociable...

Mi Reflexión...
_____
_____
_____
_____

Hoy recibo para SER y VIVIR...

Mi Reflexión...
_____
_____
_____
_____

Fecha hoy...

Mi espíritu es mayor que mi circunstancia...

Mi Reflexión...
_____
_____
_____
_____
_____

Dios conmigo y en mí SIEMPRE...

Mi Reflexión...
_____
_____
_____
_____

NADA es en mi contra, TODO es a mi favor...

Mi Reflexión...
_____
_____
_____
_____
_____

Mi bienestar es innegociable...

Mi Reflexión...
_____
_____
_____
_____

Hoy recibo para SER y VIVIR...

Mi Reflexión...
_____
_____
_____
_____

Fecha hoy...

Mi espíritu es mayor que mi circunstancia...

Mi Reflexión...
_____
_____
_____
_____
_____

Dios conmigo y en mí SIEMPRE...

Mi Reflexión...
_____
_____
_____
_____
_____

NADA es en mi contra, TODO es a mi favor...

Mi Reflexión...
_____
_____
_____
_____
_____

Mi bienestar es innegociable...

Mi Reflexión...
_____
_____
_____
_____
_____

Hoy recibo para SER y VIVIR...

Mi Reflexión...
_____
_____
_____
_____
_____

Fecha hoy...

Mi espíritu es mayor que mi circunstancia...

Mi Reflexión...
_____
_____
_____
_____
_____

Dios conmigo y en mí SIEMPRE...

Mi Reflexión...
_____
_____
_____
_____
_____

NADA es en mi contra, TODO es a mi favor...

Mi Reflexión...
_____
_____
_____
_____
_____

Mi bienestar es innegociable...

Mi Reflexión...
_____
_____
_____
_____
_____

Hoy recibo para SER y VIVIR...

Mi Reflexión...
_____
_____
_____
_____
_____

Fecha hoy...

Palabra del Día...
Deleítate...

Mi espíritu es mayor que mi circunstancia...

Mi Reflexión...

_____
_____
_____
_____
_____
_____

Dios conmigo y en mí SIEMPRE...

Mi Reflexión...

_____
_____
_____
_____
_____
_____

NADA es en mi contra, TODO es a mi favor...

Mi Reflexión...

_____
_____
_____
_____
_____
_____

Mi bienestar es innegociable...

Mi Reflexión...

_____
_____
_____
_____
_____
_____

Hoy recibo para SER y VIVIR...

Mi Reflexión...

_____
_____
_____
_____
_____
_____

Las etapas del VIVIR son para disfrutarse. Una de mis abuelas, la mamá de mi papá decía "La vejez se lleva con gracia y hay que disfrutarla". Luego de saber que solo alcanzó los 58 entendí que la vejez es relativa, que nada tiene que ver el número de años que vivas, ni en el año que estés viviendo cuando dejes esta vida. La vejez física es natural y se envejece cada día... La juventud es sobrenatural, eterna, indefinida es divertida recordándonos cada día que somos más de lo que fuimos y seremos más de lo que somos. La vejez es la evidencia física de muchas experiencias que nos da sabiduría para escoger como hacer el viaje por esta vida.

Cuando la vejez se anuncia a los 50...se ignora y en el afán de los 40, se rechaza cuando se escapa a los 30 despedir los 20 en las prisas de la vida y por la misma olvidamos aprender, desde nacer hasta los 10 que simplemente "VIVIR es SER" un momento a la vez... siendo impensable el deterioro necesario del cuerpo que representa por etapas envejecer. Entonces... al llegar a los 90, entenderás que a los 80 se valoran los 70 que se dudaron alcanzar... cuando se pasa por los 60. Así se escapa el VIVIR en décadas en vez de saborear el delite de ir por ellas con gracia, disfrutando lo que cada etapa nos regala, recordando cuanto vivimos las pasadas, valorando la que pasa y diseñando las que llegará para que en cada una Dios nos haga brillar en SU Gracia.

Desde donde hoy estés, tengas 90,80,70,60,50,50,30,20 o en plena juventud estés... haz tus pausas y deléitate de cada etapa, agradece estar y ser, pues es un privilegio, de solo algunos, cruzar cada decena disfrutando lo que Dios tenga a bien.

Cita Libro Guía Personalizada (Biblia)

Deuteronomio 30:10
Dios se deleita en mí pues obedezco Su Voz con todo mi corazón y mi alma...

Fecha hoy...

Mi espíritu es mayor que mi circunstancia...

Mi Reflexión...
_____
_____
_____
_____
_____
_____

Dios conmigo y en mí SIEMPRE...

Mi Reflexión...
_____
_____
_____
_____
_____

NADA es en mi contra, TODO es a mi favor...

Mi Reflexión...
_____
_____
_____
_____
_____
_____

Mi bienestar es innegociable...

Mi Reflexión...
_____
_____
_____
_____
_____

Hoy recibo para SER y VIVIR...

Mi Reflexión...
_____
_____
_____
_____
_____

Fecha hoy...

Mi espíritu es mayor que mi circunstancia...

Mi Reflexión...
_____
_____
_____
_____
_____
_____

Dios conmigo y en mí SIEMPRE...

Mi Reflexión...
_____
_____
_____
_____
_____

NADA es en mi contra, TODO es a mi favor...

Mi Reflexión...
_____
_____
_____
_____
_____
_____

Mi bienestar es innegociable...

Mi Reflexión...
_____
_____
_____
_____
_____

Hoy recibo para SER y VIVIR...

Mi Reflexión...
_____
_____
_____
_____
_____

Fecha hoy...

Mi espíritu es mayor que mi circunstancia...

Mi Reflexión...

_____
_____
_____
_____
_____

Dios conmigo y en mí SIEMPRE...

Mi Reflexión...

_____
_____
_____
_____
_____

NADA es en mi contra, TODO es a mi favor...

Mi Reflexión...

_____
_____
_____
_____
_____

Mi bienestar es innegociable...

Mi Reflexión...

_____
_____
_____
_____
_____

Hoy recibo para SER y VIVIR...

Mi Reflexión...

_____
_____
_____
_____
_____

Fecha hoy...

Mi espíritu es mayor que mi circunstancia...

Mi Reflexión...

_____
_____
_____
_____
_____

Dios conmigo y en mí SIEMPRE...

Mi Reflexión...

_____
_____
_____
_____
_____

NADA es en mi contra, TODO es a mi favor...

Mi Reflexión...

_____
_____
_____
_____
_____

Mi bienestar es innegociable...

Mi Reflexión...

_____
_____
_____
_____
_____

Hoy recibo para SER y VIVIR...

Mi Reflexión...

_____
_____
_____
_____
_____

Fecha hoy...

Fecha hoy...

Mi espíritu es mayor
que mi circunstancia...

Mi Reflexión...
_____
_____
_____
_____
_____

Dios conmigo y en mí SIEMPRE...

Mi Reflexión...
_____
_____
_____
_____
_____

NADA es en mi contra,
TODO es a mi favor...

Mi Reflexión...
_____
_____
_____
_____
_____

Mi bienestar es innegociable...

Mi Reflexión...
_____
_____
_____
_____
_____

Hoy recibo para SER y VIVIR...

Mi Reflexión...
_____
_____
_____
_____
_____

Mi espíritu es mayor
que mi circunstancia...

Mi Reflexión...
_____
_____
_____
_____
_____

Dios conmigo y en mí SIEMPRE...

Mi Reflexión...
_____
_____
_____
_____
_____

NADA es en mi contra,
TODO es a mi favor...

Mi Reflexión...
_____
_____
_____
_____
_____

Mi bienestar es innegociable...

Mi Reflexión...
_____
_____
_____
_____
_____

Hoy recibo para SER y VIVIR...

Mi Reflexión...
_____
_____
_____
_____
_____

Fecha hoy...

Palabra del Día...
Valórate...

Mi espíritu es mayor
que mi circunstancia...

Mi Reflexión...

_____
_____
_____
_____
_____
_____

Dios conmigo y en mí SIEMPRE...

Mi Reflexión...

_____
_____
_____
_____
_____

NADA es en mi contra,
TODO es a mi favor...

Mi Reflexión...

_____
_____
_____
_____
_____

Mi bienestar es innegociable...

Mi Reflexión...

_____
_____
_____
_____
_____

Hoy recibo para SER y VIVIR...

Mi Reflexión...

_____
_____
_____
_____
_____

A veces el pasado vuelve... sin que lo llames, provoques o retes, solo para demostrarte cuanto vales y cuan acertadas son las decisiones que tomaste, lo que te dolió y lo que celebraste.

A veces vuelve para recordar pendientes, recordarte de donde saliste, cuando te levantaste y cuan oportunos fueron los que con sus reclamos te llevaron a descubrir que necesitas priorizarte. A veces también vuelve para que revises cuanto has crecido, avanzado y superado... que nada ni nadie puede robarte lo esencial y que es innegociable tu bienestar.

En ocasiones…el pasado vuelve para mostrarle a los que te dejaron ir que pueden ofrecerle mucho, pero como tú,nadie. También puede volver para decir todo lo pendiente y escuchar lo que esperaste, sin embargo... la mayoría de las veces ni escuchar pueden, validando su ausencia y tu decisión certera. Muchas veces, cuando vuelve, repasas las vivencias compartidas... Se extraña con nostalgia seres insustituibles, irreemplazables e inolvidables, que nos acompañan en memorias hermosas, amores para la historia, relaciones eternas que llenan el alma, parentescos inevitables entre secretos, complicidades, acuerdos, promesas eternas y privilegios inquebrantables.

A veces el pasado para todo esto vuelve, más sobre todo vuelve para que sepas que más allá de lo que vivas…favorable o desfavorablemente y aunque lo consideres grandes pérdidas, DIOS SIEMPRE te ha acompañado, provisto, guardado, guiado, iluminado y prosperado. Que siempre ha estado presente y lo seguirá estando, aunque a veces pienses que de ti se ha olvidado en medio de tu quebranto. En el pasado, en el presente y en el futuro... Dios provee.

Cita Libro Guía Personalizada (Biblia)

1 Samuel 24:25
Dios valora mi vida, me rescata de toda
dificultad y me va bien en todo lo que hago...

72

Fecha hoy...

Mi espíritu es mayor que mi circunstancia...

Mi Reflexión...

_____
_____
_____
_____
_____
_____

Dios conmigo y en mí SIEMPRE...

Mi Reflexión...

_____
_____
_____
_____
_____

NADA es en mi contra, TODO es a mi favor...

Mi Reflexión...

_____
_____
_____
_____
_____
_____

Mi bienestar es innegociable...

Mi Reflexión...

_____
_____
_____
_____
_____

Hoy recibo para SER y VIVIR...

Mi Reflexión...

_____
_____
_____
_____
_____

Fecha hoy...

Mi espíritu es mayor que mi circunstancia...

Mi Reflexión...

_____
_____
_____
_____
_____
_____

Dios conmigo y en mí SIEMPRE...

Mi Reflexión...

_____
_____
_____
_____
_____

NADA es en mi contra, TODO es a mi favor...

Mi Reflexión...

_____
_____
_____
_____
_____
_____

Mi bienestar es innegociable...

Mi Reflexión...

_____
_____
_____
_____
_____

Hoy recibo para SER y VIVIR...

Mi Reflexión...

_____
_____
_____
_____
_____

Fecha hoy...

*Mi espíritu es mayor
que mi circunstancia...*

Mi Reflexión...
_____
_____
_____
_____
_____

Dios conmigo y en mí SIEMPRE...

Mi Reflexión...
_____
_____
_____
_____
_____

*NADA es en mi contra,
TODO es a mi favor...*

Mi Reflexión...
_____
_____
_____
_____
_____

Mi bienestar es innegociable...

Mi Reflexión...
_____
_____
_____
_____
_____

Hoy recibo para SER y VIVIR...

Mi Reflexión...
_____
_____
_____
_____
_____

Fecha hoy...

*Mi espíritu es mayor
que mi circunstancia...*

Mi Reflexión...
_____
_____
_____
_____
_____

Dios conmigo y en mí SIEMPRE...

Mi Reflexión...
_____
_____
_____
_____
_____

*NADA es en mi contra,
TODO es a mi favor...*

Mi Reflexión...
_____
_____
_____
_____
_____

Mi bienestar es innegociable...

Mi Reflexión...
_____
_____
_____
_____
_____

Hoy recibo para SER y VIVIR...

Mi Reflexión...
_____
_____
_____
_____
_____

Fecha hoy...

Mi espíritu es mayor
que mi circunstancia...

Mi Reflexión...
_____
_____
_____
_____
_____
_____

Dios conmigo y en mí SIEMPRE...

Mi Reflexión...
_____
_____
_____
_____
_____
_____

NADA es en mi contra,
TODO es a mi favor...

Mi Reflexión...
_____
_____
_____
_____
_____
_____

Mi bienestar es innegociable...

Mi Reflexión...
_____
_____
_____
_____
_____

Hoy recibo para SER y VIVIR...

Mi Reflexión...
_____
_____
_____
_____
_____

Fecha hoy...

Mi espíritu es mayor
que mi circunstancia...

Mi Reflexión...
_____
_____
_____
_____
_____
_____

Dios conmigo y en mí SIEMPRE...

Mi Reflexión...
_____
_____
_____
_____
_____
_____

NADA es en mi contra,
TODO es a mi favor...

Mi Reflexión...
_____
_____
_____
_____
_____
_____

Mi bienestar es innegociable...

Mi Reflexión...
_____
_____
_____
_____
_____

Hoy recibo para SER y VIVIR...

Mi Reflexión...
_____
_____
_____
_____
_____

Fecha hoy...

Palabra del Día...
Honra...

Mi espíritu es mayor que mi circunstancia...

Mi Reflexión...

_____
_____
_____
_____
_____
_____

Dios conmigo y en mí SIEMPRE...

Mi Reflexión...

_____
_____
_____
_____
_____
_____

NADA es en mi contra, TODO es a mi favor...

Mi Reflexión...

_____
_____
_____
_____
_____
_____

Mi bienestar es innegociable...

Mi Reflexión...

_____
_____
_____
_____
_____
_____

Hoy recibo para SER y VIVIR...

Mi Reflexión...

_____
_____
_____
_____
_____
_____

Creyendo o sin creer... un día te tocará entender, que en una parte del camino... cuando más tormentoso esté y sin fuerzas quedes... SOLO DIOS es tu solución para resolver, como cuando ante la partida indeseada@ de alguien, en pedazos quedaste sintiendote desvanecer.

Hoy los recuerdos vuelven a recordarme los hermosos seres que me acompañaron en este plano y los que en mi legaron, sus propósitos cumplieron y a su Origen volvieron. En su mundo paralelo al mío viajamos...los siento conmigo y en sus manifiestos me recuerdan que el amor es esencial, fortaleciéndose cuando el cuerpo físico desaparece.

Honro a diario a los que me precedieron y al mundo sobrenatural volvieron, cerquita de Dios e iluminados en Su luz. En la cultura popular hay un día que se dedica a los difuntos reconociendo que sus propósitos cumplieron, que entre nosotros físicamente estuvieron y su legado recibimos desde como aquí vivieron y por eso los celebro. Celebro los que valientemente vinieron, permanecieron y valientemente a su origen evolucionados volvieron. Celebro lo que soy gracias a que ellos fueron, a los que ni me conocieron ni puedo recordarme de ellos pues su sangre por mis venas llevo que me hacen ser su futuro y en mi su historia llevo. Sigo honrando lo que por mi hicieron...lo superado pues en mi se hacen mejor ellos y por lo pendiente que confiaron que en mi sería mejor que en ellos.
Agradecida por su amor, por su entrega, su pasión... por sus cuidados, desvelos, abandonos e intensos momentos pues forjaron en mi lo que me permite ser y cumplir el propósito realizando la misión que en mi espíritu llevo. Están en mí mas vivos que cuando estuvieron por lo que en vez del día de los muertos celebro el día de los que su propósito en mi cumplieron.

Cita Libro Guía Personalizada (Biblia)

Salmo 23:5
Dios me honra ungiendo mi cabeza con aceite y me desborda de bendiciones...

Fecha hoy...

Fecha hoy...

Mi espíritu es mayor
que mi circunstancia...

Mi Reflexión...

_____
_____
_____
_____
_____

Dios conmigo y en mí SIEMPRE...

Mi Reflexión...

_____
_____
_____
_____
_____

NADA es en mi contra,
TODO es a mi favor...

Mi Reflexión...

_____
_____
_____
_____
_____

Mi bienestar es innegociable...

Mi Reflexión...

_____
_____
_____
_____
_____

Hoy recibo para SER y VIVIR...

Mi Reflexión...

_____
_____
_____
_____
_____

Mi espíritu es mayor
que mi circunstancia...

Mi Reflexión...

_____
_____
_____
_____
_____

Dios conmigo y en mí SIEMPRE...

Mi Reflexión...

_____
_____
_____
_____
_____

NADA es en mi contra,
TODO es a mi favor...

Mi Reflexión...

_____
_____
_____
_____
_____

Mi bienestar es innegociable...

Mi Reflexión...

_____
_____
_____
_____
_____

Hoy recibo para SER y VIVIR...

Mi Reflexión...

_____
_____
_____
_____
_____

Fecha hoy...

Mi espíritu es mayor que mi circunstancia...

Mi Reflexión...
_____
_____
_____
_____
_____
_____

Dios conmigo y en mí SIEMPRE...

Mi Reflexión...
_____
_____
_____
_____
_____
_____

NADA es en mi contra, TODO es a mi favor...

Mi Reflexión...
_____
_____
_____
_____
_____
_____

Mi bienestar es innegociable...

Mi Reflexión...
_____
_____
_____
_____
_____
_____

Hoy recibo para SER y VIVIR...

Mi Reflexión...
_____
_____
_____
_____
_____
_____

Fecha hoy...

Mi espíritu es mayor que mi circunstancia...

Mi Reflexión...
_____
_____
_____
_____
_____
_____

Dios conmigo y en mí SIEMPRE...

Mi Reflexión...
_____
_____
_____
_____
_____
_____

NADA es en mi contra, TODO es a mi favor...

Mi Reflexión...
_____
_____
_____
_____
_____
_____

Mi bienestar es innegociable...

Mi Reflexión...
_____
_____
_____
_____
_____
_____

Hoy recibo para SER y VIVIR...

Mi Reflexión...
_____
_____
_____
_____
_____
_____

Fecha hoy...

Mi espíritu es mayor
que mi circunstancia...

Mi Reflexión...
_____
_____
_____
_____
_____

Dios conmigo y en mí SIEMPRE...

Mi Reflexión...
_____
_____
_____
_____

NADA es en mi contra,
TODO es a mi favor...

Mi Reflexión...
_____
_____
_____
_____
_____

Mi bienestar es innegociable...

Mi Reflexión...
_____
_____
_____
_____
_____

Hoy recibo para SER y VIVIR...

Mi Reflexión...
_____
_____
_____
_____
_____

Fecha hoy...

Mi espíritu es mayor
que mi circunstancia...

Mi Reflexión...
_____
_____
_____
_____
_____

Dios conmigo y en mí SIEMPRE...

Mi Reflexión...
_____
_____
_____
_____

NADA es en mi contra,
TODO es a mi favor...

Mi Reflexión...
_____
_____
_____
_____
_____

Mi bienestar es innegociable...

Mi Reflexión...
_____
_____
_____
_____
_____

Hoy recibo para SER y VIVIR...

Mi Reflexión...
_____
_____
_____
_____
_____

Fecha hoy...

Palabra del Día... Recibe...

Mi espíritu es mayor que mi circunstancia...

Mi Reflexión...

_____
_____
_____
_____
_____

Dios conmigo y en mí SIEMPRE...

Mi Reflexión...

_____
_____
_____
_____
_____

NADA es en mi contra, TODO es a mi favor...

Mi Reflexión...

_____
_____
_____
_____
_____

Mi bienestar es innegociable...

Mi Reflexión...

_____
_____
_____
_____
_____

Hoy recibo para SER y VIVIR...

Mi Reflexión...

_____
_____
_____
_____
_____

Cuando el mundo parece dejar de girar, el horizonte se vuelve como de gelatina, la visualización queda borrosa y los colores se difuminan en opacidad….
Hay que parar, quebrarse, descomponerse, que las lágrimas ahoguen lo que reste para transitar en la turbulencia y rescatarse antes de continuar.

Una vez transitado lo necesario y trascendido, más allá de la opinión pública y las expectativas... la vida nos regala la oportunidad de recibir la respuesta necesaria para cada pregunta, la clarificación de cada duda y el paraque haberlo pasado. Luego de ello llega la dualidad de lo esencial... ¿Si hubiese sido distinto? Simplemente otra historia sería.

Actuar desde la Voluntad de Dios... hasta en contra de mí misma, ha sido ese salto al vacío de ese día que hoy reconozco trascendental. Decisiones sin explicaciones posibles que satisfagan la necesidad de los testigos, implicados, los involucrados y los protagonistas. Respuestas.muchas, hasta algunas sin preguntas. Revelaciones... las necesarias. Confirmaciones. extraordinarias. Imprevistos... todos. Incertidumbre….constante. Todo y más de lo explicable que provoca temores, ansiedades, malestares, dolores, inseguridades y agobios inimaginables.

Sin embargo... el haber sobrevivido, superado, compartido y contado las experiencias que me han llenado de vivencias el alma, me da confianza para avanzar y continuar saltando al vacío, confiando que Dios me lleva del hilo... Mientras haya pendientes... saltar al vacío es la consigna, sabiendo por experiencia que... SIEMPRE Dios va en mí y conmigo, que NADA es en mi contra, que TODO es a mi favor desde el salto hasta en Su Plan la caída.. Pa'lante y AGRADECIDA. Lo que Dios diga..hasta en contra de mi misma.

Cita Libro Guía Personalizada (Biblia)

Job 4:12
En secreto recibo el susurro de Dios al oido...

Fecha hoy...

Mi espíritu es mayor que mi circunstancia...

Mi Reflexión...

_____
_____
_____
_____
_____

Dios conmigo y en mí SIEMPRE...

Mi Reflexión...

_____
_____
_____
_____
_____

NADA es en mi contra, TODO es a mi favor...

Mi Reflexión...

_____
_____
_____
_____
_____

Mi bienestar es innegociable...

Mi Reflexión...

_____
_____
_____
_____
_____

Hoy recibo para SER y VIVIR...

Mi Reflexión...

_____
_____
_____
_____
_____

Fecha hoy...

Mi espíritu es mayor que mi circunstancia...

Mi Reflexión...

_____
_____
_____
_____
_____

Dios conmigo y en mí SIEMPRE...

Mi Reflexión...

_____
_____
_____
_____
_____

NADA es en mi contra, TODO es a mi favor...

Mi Reflexión...

_____
_____
_____
_____
_____

Mi bienestar es innegociable...

Mi Reflexión...

_____
_____
_____
_____
_____

Hoy recibo para SER y VIVIR...

Mi Reflexión...

_____
_____
_____
_____
_____

Fecha hoy...

Mi espíritu es mayor que mi circunstancia...

Mi Reflexión...
_____
_____
_____
_____
_____

Dios conmigo y en mí SIEMPRE...

Mi Reflexión...
_____
_____
_____
_____

NADA es en mi contra, TODO es a mi favor...

Mi Reflexión...
_____
_____
_____
_____
_____

Mi bienestar es innegociable...

Mi Reflexión...
_____
_____
_____
_____
_____

Hoy recibo para SER y VIVIR...

Mi Reflexión...
_____
_____
_____
_____
_____

Fecha hoy...

Mi espíritu es mayor que mi circunstancia...

Mi Reflexión...
_____
_____
_____
_____
_____

Dios conmigo y en mí SIEMPRE...

Mi Reflexión...
_____
_____
_____
_____

NADA es en mi contra, TODO es a mi favor...

Mi Reflexión...
_____
_____
_____
_____
_____

Mi bienestar es innegociable...

Mi Reflexión...
_____
_____
_____
_____
_____

Hoy recibo para SER y VIVIR...

Mi Reflexión...
_____
_____
_____
_____
_____

Fecha hoy...

Fecha hoy...

Mi espíritu es mayor
que mi circunstancia...

Mi Reflexión...

_____
_____
_____
_____
_____

Dios conmigo y en mí SIEMPRE...

Mi Reflexión...

_____
_____
_____
_____
_____

NADA es en mi contra,
TODO es a mi favor...

Mi Reflexión...

_____
_____
_____
_____
_____

Mi bienestar es innegociable...

Mi Reflexión...

_____
_____
_____
_____
_____

Hoy recibo para SER y VIVIR...

Mi Reflexión...

_____
_____
_____
_____
_____

Mi espíritu es mayor
que mi circunstancia...

Mi Reflexión...

_____
_____
_____
_____
_____

Dios conmigo y en mí SIEMPRE...

Mi Reflexión...

_____
_____
_____
_____
_____

NADA es en mi contra,
TODO es a mi favor...

Mi Reflexión...

_____
_____
_____
_____
_____

Mi bienestar es innegociable...

Mi Reflexión...

_____
_____
_____
_____
_____

Hoy recibo para SER y VIVIR...

Mi Reflexión...

_____
_____
_____
_____
_____

Fecha hoy...

Palabra del Día...
Vive...

Mi espíritu es mayor que mi circunstancia...

Mi Reflexión...

_____
_____
_____
_____
_____
_____

Dios conmigo y en mí SIEMPRE...

Mi Reflexión...

_____
_____
_____
_____
_____

NADA es en mi contra, TODO es a mi favor...

Mi Reflexión...

_____
_____
_____
_____
_____

Mi bienestar es innegociable...

Mi Reflexión...

_____
_____
_____
_____
_____

Hoy recibo para SER y VIVIR...

Mi Reflexión...

_____
_____
_____
_____
_____

Nada te hace más fuerte que repasar lo vivido y encontrar eventos superados, que una vez en el quebranto... hasta el alma desgarraron.

En el tránsito por la supervivencia, descubres que el amor SIEMPRE va a prevalecer y te va a acompañar más allá del parecer, pues el día que tomaste la decisión de recomponer, las evidencias marcaron el momento de volverte a detener. Decisiones hay que tomar amparados en la Divinidad, respirar, confiar y continuar... Al pasar el tiempo y seguir viviendo hay que revisar para reconocer, que muchas cosas cumplieron y hay que dejarlas agradeciendo.
Otras nos acompañarán en los recuerdos de un pasado incompleto, las más intensas en un presente inevitable donde lo esencial prevalece hasta en un futuro incierto y se alberga la esperanza de rescatar lo mejor de lo que una vez se creyó eterno. Todo tiempo pasado fue mejor dicen algunos... Nada es como antes dicen otros... mientras tanto recordar con nostalgia nos recuerda cuan felices fuimos y puede restar a lo felices que hoy podemos estar... aunque lo que amemos se encuentre lejos y viva en los recuerdos.

Nada puede ser mejor que estar vivos pues siempre la esperanza prevalecerá ante futuro incierto. Mientras aquí estemos hay remedio... para superar el quebranto, extrañar amando, apoyar a los cercanos, saber que Dios es INMENSAMENTE bueno y provee todo lo necesario, para que superemos los retos del momento y que en el futuro sepamos cuan felices fuimos. Cuando el hoy sea pasado... desde la inocencia grata hasta la vejez serena con lo que hay y con lo que falta... siendo lo más importante contar con alguien que solo con estar, escuchar y abrazar pueda trasladarte a un pasado hermoso, en un presente espectacular inspirándote a conquistar un futuro sin igual.

Cita Libro Guía Personalizada (Biblia)

Proverbios 7:2
Obedezco a Dios y vivo...

Fecha hoy...

Mi espíritu es mayor
que mi circunstancia...

Mi Reflexión...
_____
_____
_____
_____
_____

Dios conmigo y en mí SIEMPRE...

Mi Reflexión...
_____
_____
_____
_____
_____

NADA es en mi contra,
TODO es a mi favor...

Mi Reflexión...
_____
_____
_____
_____
_____

Mi bienestar es innegociable...

Mi Reflexión...
_____
_____
_____
_____
_____

Hoy recibo para SER y VIVIR...

Mi Reflexión...
_____
_____
_____
_____
_____

Fecha hoy...

Mi espíritu es mayor
que mi circunstancia...

Mi Reflexión...
_____
_____
_____
_____
_____

Dios conmigo y en mí SIEMPRE...

Mi Reflexión...
_____
_____
_____
_____
_____

NADA es en mi contra,
TODO es a mi favor...

Mi Reflexión...
_____
_____
_____
_____
_____

Mi bienestar es innegociable...

Mi Reflexión...
_____
_____
_____
_____
_____

Hoy recibo para SER y VIVIR...

Mi Reflexión...
_____
_____
_____
_____
_____

Fecha hoy...

Mi espíritu es mayor que mi circunstancia...

Mi Reflexión...
_____
_____
_____
_____
_____

Dios conmigo y en mí SIEMPRE...

Mi Reflexión...
_____
_____
_____
_____
_____

NADA es en mi contra, TODO es a mi favor...

Mi Reflexión...
_____
_____
_____
_____
_____

Mi bienestar es innegociable...

Mi Reflexión...
_____
_____
_____
_____
_____

Hoy recibo para SER y VIVIR...

Mi Reflexión...
_____
_____
_____
_____
_____

Fecha hoy...

Mi espíritu es mayor que mi circunstancia...

Mi Reflexión...
_____
_____
_____
_____
_____

Dios conmigo y en mí SIEMPRE...

Mi Reflexión...
_____
_____
_____
_____
_____

NADA es en mi contra, TODO es a mi favor...

Mi Reflexión...
_____
_____
_____
_____
_____

Mi bienestar es innegociable...

Mi Reflexión...
_____
_____
_____
_____
_____

Hoy recibo para SER y VIVIR...

Mi Reflexión...
_____
_____
_____
_____
_____

Fecha hoy...

Mi espíritu es mayor que mi circunstancia...

Mi Reflexión...
_____
_____
_____
_____
_____

Dios conmigo y en mí SIEMPRE...

Mi Reflexión...
_____
_____
_____
_____
_____

NADA es en mi contra, TODO es a mi favor...

Mi Reflexión...
_____
_____
_____
_____
_____

Mi bienestar es innegociable...

Mi Reflexión...
_____
_____
_____
_____
_____

Hoy recibo para SER y VIVIR...

Mi Reflexión...
_____
_____
_____
_____
_____

Fecha hoy...

Mi espíritu es mayor que mi circunstancia...

Mi Reflexión...
_____
_____
_____
_____
_____

Dios conmigo y en mí SIEMPRE...

Mi Reflexión...
_____
_____
_____
_____
_____

NADA es en mi contra, TODO es a mi favor...

Mi Reflexión...
_____
_____
_____
_____
_____

Mi bienestar es innegociable...

Mi Reflexión...
_____
_____
_____
_____
_____

Hoy recibo para SER y VIVIR...

Mi Reflexión...
_____
_____
_____
_____
_____

Fecha hoy...

Palabra del Día... Aprende...

Mi espíritu es mayor que mi circunstancia...

_____
_____
_____
_____
_____
_____
_____

Dios conmigo y en mí SIEMPRE...

_____
_____
_____
_____
_____

NADA es en mi contra, TODO es a mi favor...

_____
_____
_____
_____
_____
_____

Mi bienestar es innegociable...

_____
_____
_____
_____
_____

Hoy recibo para SER y VIVIR...

_____
_____
_____
_____
_____

Nada se pierde... solo se escapa, desde el respirar hasta dar las gracias. Si regresara... vuelve y escapa si estamos dispuestos a organizar el alma reconocemos que es necesaria una pausa para escoger la mejor opción entre dejarla ir o entregarla si asumirla lo esencial costara. Aprovecha todo lo que te queda, retoma lo que extrañas... todo lo que te hace bien y a todos hace feliz, es necesario compartir para que disfrutes lo que un día dejaste ir y te tocaba asumir. La turbulencia pasa y en ella solo Dios basta. Retómate y vuelve a VIVIR...si algo se escapa, que solo sea la carga pesada para que nada ni nadie te robe la serenidad del alma.

Todo está bien, como lo estuvo una vez y adelante lo estará también...aunque parezca que la sonrisa se escapa entre lágrimas, es parte natural de ver mejor la meta deseada. Disfruta el que estás y eso... ya es ganancia. Aprende lo necesario, que la seguridad te acompañe con el valor adecuado y superes la tristeza para que el bienestar prevalezca... más allá de las circunstancias. Ni hay errores, ni fracasos... solo experiencias que regalan vivencias, aportan grandes lecciones de vida y nos muestran todo lo que necesitamos para reconocer y validar que lo necesario llevamos para transitar el sendero, superando cada reto, celebrando, agradeciendo lo completado y lo en proceso según se vaya yendo liberando o celebrando...nunca perdiendo.

Hay que detenerse en el andar para ver cuan cojo se va... Si vas cojeando dejaste de ser original y hay que volverse a ubicar pues entre cojos la cojera es natural y se disfruta en seguridad, ganancia y bienestar... fluyendo por la vida a la velocidad que toca transitar… Cada día sus sorpresas guardan y hay que escoger si las aprovechas o se te escapan. Si crees que las pierdes decide respirar, retoma y avanza... verás como todo a tu favor se acomoda hasta la peor de las circunstancias. TODO es a favor, en contra NADA.

Cita Libro Guía Personalizada (Biblia)

Proverbios 4:11
Aprendo de Dios los caminos de sabiduría y me guía por sendas rectas...

Fecha hoy...

Mi espíritu es mayor
que mi circunstancia...

Mi Reflexión...
_____
_____
_____
_____
_____

Dios conmigo y en mí SIEMPRE...

Mi Reflexión...
_____
_____
_____
_____
_____

NADA es en mi contra,
TODO es a mi favor...

Mi Reflexión...
_____
_____
_____
_____
_____

Mi bienestar es innegociable...

Mi Reflexión...
_____
_____
_____
_____
_____

Hoy recibo para SER y VIVIR...

Mi Reflexión...
_____
_____
_____
_____
_____

Fecha hoy...

Mi espíritu es mayor
que mi circunstancia...

Mi Reflexión...
_____
_____
_____
_____
_____

Dios conmigo y en mí SIEMPRE...

Mi Reflexión...
_____
_____
_____
_____
_____

NADA es en mi contra,
TODO es a mi favor...

Mi Reflexión...
_____
_____
_____
_____
_____

Mi bienestar es innegociable...

Mi Reflexión...
_____
_____
_____
_____
_____

Hoy recibo para SER y VIVIR...

Mi Reflexión...
_____
_____
_____
_____
_____

Fecha hoy...

Fecha hoy...

Mi espíritu es mayor que mi circunstancia...

Mi Reflexión...

Dios conmigo y en mí SIEMPRE...

Mi Reflexión...

NADA es en mi contra, TODO es a mi favor...

Mi Reflexión...

Mi bienestar es innegociable...

Mi Reflexión...

Hoy recibo para SER y VIVIR...

Mi Reflexión...

Mi espíritu es mayor que mi circunstancia...

Mi Reflexión...

Dios conmigo y en mí SIEMPRE...

Mi Reflexión...

NADA es en mi contra, TODO es a mi favor...

Mi Reflexión...

Mi bienestar es innegociable...

Mi Reflexión...

Hoy recibo para SER y VIVIR...

Mi Reflexión...

Fecha hoy...

Mi espíritu es mayor que mi circunstancia...

Mi Reflexión...
_____
_____
_____
_____
_____

Dios conmigo y en mí SIEMPRE...

Mi Reflexión...
_____
_____
_____
_____
_____

NADA es en mi contra, TODO es a mi favor...

Mi Reflexión...
_____
_____
_____
_____
_____

Mi bienestar es innegociable...

Mi Reflexión...
_____
_____
_____
_____
_____

Hoy recibo para SER y VIVIR...

Mi Reflexión...
_____
_____
_____
_____
_____

Fecha hoy...

Mi espíritu es mayor que mi circunstancia...

Mi Reflexión...
_____
_____
_____
_____
_____

Dios conmigo y en mí SIEMPRE...

Mi Reflexión...
_____
_____
_____
_____
_____

NADA es en mi contra, TODO es a mi favor...

Mi Reflexión...
_____
_____
_____
_____
_____

Mi bienestar es innegociable...

Mi Reflexión...
_____
_____
_____
_____
_____

Hoy recibo para SER y VIVIR...

Mi Reflexión...
_____
_____
_____
_____
_____

Fecha hoy...

Palabra del Día... Comienza...

Mi espíritu es mayor que mi circunstancia...

_____
_____
_____
_____
_____
_____
_____

Dios conmigo y en mí SIEMPRE...

_____
_____
_____
_____
_____

NADA es en mi contra, TODO es a mi favor...

_____
_____
_____
_____
_____
_____

Mi bienestar es innegociable...

_____
_____
_____
_____
_____
_____

Hoy recibo para SER y VIVIR...

_____
_____
_____
_____
_____

El proceso mental-emocional es muy complejo… los valores esenciales de la cuna hasta los 7 años marcan la vida emocional sana de un adulto desde sus 21 años en adelante, de 7 a 14 se reta la autoridad formando el carácter y la disciplina en acciones con su consecuencia y marca la validación de los fundamentos de los 14 a los 21 años. Los procesos familiares sólidos se perdieron en el 90% de los casos, la programación de los nacidos está en base a las pérdidas y desaciertos de los mayores sumado a sus sueños pendientes. El valor máximo añadido… la espiritualidad quedó desvalorada y Dios fuera o culpable de todo lo que pudo ser… por dogmas disfuncionales. Hay asuntos que retomar, pensamientos que editar, conductas por rediseñar, acciones que gestionar, valores que actualizar, fundamentos que reforzar e integrar lo esencial, lo espiritual con un Poder Supremo que le quite al humano la prepotencia disfuncional de prioridades menores, devolviéndole la oportunidad de valorar la vida propia y la ajena… para un VIVIR desde el SER en disfrute, seguridad, ganancia y bienestar más allá de lo que se viva.

Es urgente un Dios personal con una relación individual, indivisible, productiva y funcional que ilumine el sendero diario devolviendo la esperanza confiando que NADA es en contra y TODO es a favor. Que cuando llegue el quebranto inevitable y el dolor extremo, de Su Gracia nos llegue el consuelo y la superación sea el manifiesto. Y si el juicio extremo nublara el entendimiento las acciones sean prudentes y serenas, aunque la indignación sea intensa. Todo comenzará a favor cambiar cuando lo esencial sea más que lo natural. Todo será ideal cuando lo esencial vuelva a ser prioridad, la lucha sea sustituida por negociar y el coraje nunca supere la serenidad. ¡Basta Ya! a lo que nos resta y un Pa'lante! a lo que nos añade. En honor a los que les han quitado la oportunidad de continuar, por los que llegan recordándonos que podemos reiniciar… comencemos de una vez y por todas a VIVIR sin violencia y con dignidad.

Cita Libro Guía Personalizada (Biblia)

Ezequiel 18:27
Obedezco la ley y hago lo justo...

Fecha hoy...

Mi espíritu es mayor que mi circunstancia...

Mi Reflexión...

_____
_____
_____
_____
_____
_____

Dios conmigo y en mí SIEMPRE...

Mi Reflexión...

_____
_____
_____
_____
_____

NADA es en mi contra, TODO es a mi favor...

Mi Reflexión...

_____
_____
_____
_____
_____

Mi bienestar es innegociable...

Mi Reflexión...

_____
_____
_____
_____
_____

Hoy recibo para SER y VIVIR...

Mi Reflexión...

_____
_____
_____
_____

Fecha hoy...

Mi espíritu es mayor que mi circunstancia...

Mi Reflexión...

Dios conmigo y en mí SIEMPRE...

Mi Reflexión...

NADA es en mi contra, TODO es a mi favor...

Mi Reflexión...

Mi bienestar es innegociable...

Mi Reflexión...

Hoy recibo para SER y VIVIR...

Mi Reflexión...

Fecha hoy...

Mi espíritu es mayor que mi circunstancia...

Mi Reflexión...

_____
_____
_____
_____
_____

Dios conmigo y en mí SIEMPRE...

Mi Reflexión...

_____
_____
_____
_____

NADA es en mi contra, TODO es a mi favor...

Mi Reflexión...

_____
_____
_____
_____
_____

Mi bienestar es innegociable...

Mi Reflexión...

_____
_____
_____
_____

Hoy recibo para SER y VIVIR...

Mi Reflexión...

_____
_____
_____
_____

Fecha hoy...

Mi espíritu es mayor que mi circunstancia...

Mi Reflexión...

_____
_____
_____
_____
_____

Dios conmigo y en mí SIEMPRE...

Mi Reflexión...

_____
_____
_____
_____

NADA es en mi contra, TODO es a mi favor...

Mi Reflexión...

_____
_____
_____
_____
_____

Mi bienestar es innegociable...

Mi Reflexión...

_____
_____
_____
_____

Hoy recibo para SER y VIVIR...

Mi Reflexión...

_____
_____
_____
_____

Fecha hoy...

Mi espíritu es mayor que mi circunstancia...

Mi Reflexión...
_____
_____
_____
_____
_____

Dios conmigo y en mí SIEMPRE...

Mi Reflexión...
_____
_____
_____
_____
_____

NADA es en mi contra, TODO es a mi favor...

Mi Reflexión...
_____
_____
_____
_____
_____

Mi bienestar es innegociable...

Mi Reflexión...
_____
_____
_____
_____
_____

Hoy recibo para SER y VIVIR...

Mi Reflexión...
_____
_____
_____
_____
_____

Fecha hoy...

Mi espíritu es mayor que mi circunstancia...

Mi Reflexión...
_____
_____
_____
_____
_____

Dios conmigo y en mí SIEMPRE...

Mi Reflexión...
_____
_____
_____
_____
_____

NADA es en mi contra, TODO es a mi favor...

Mi Reflexión...
_____
_____
_____
_____
_____

Mi bienestar es innegociable...

Mi Reflexión...
_____
_____
_____
_____
_____

Hoy recibo para SER y VIVIR...

Mi Reflexión...
_____
_____
_____
_____
_____

Fecha hoy...

*Mi espíritu es mayor
que mi circunstancia...*

_____
_____
_____
_____
_____

Dios conmigo y en mí SIEMPRE...

_____
_____
_____
_____
_____

*NADA es en mi contra,
TODO es a mi favor...*

_____
_____
_____
_____
_____

Mi bienestar es innegociable...

_____
_____
_____
_____
_____

Hoy recibo para SER y VIVIR...

_____
_____
_____
_____
_____

Palabra del Día...
Termina...

Mi Mentor de la relación perfecta con Dios, El Maestro…Jesús. Tras su crucifixión, sus discípulos se encontraban de luto, pues tal cual propósito de todo humano incluyendo al Hijo de Dios, es natural que el cuerpo fallezca siendo la garantía liberar el espíritu de su limitante. Así estuvo el cuerpo de Jesús hasta cumplir la profecía " Al tercer día, según Las Escrituras" de haber sido asesinado. La tristeza de los suyos marca el desapego de lo natural y el dolor hasta el olvido de lo que se había profetizado. El descanso eterno de ese cuerpo del espíritu que ha desencarnado…es la garantía del renacer a una vida espiritual e iluminada. Quien como Jesús conoce a qué vino, su VIVIR natural fue la validación de cada revelación Divina, dejó su semilla y su enseñanza, fue testimonio vivo de su predicar y siendo por sobre todo la muestra de Dios consigo y en sí… manifiesta un desapego a lo natural a través de una desencarnación liviana, más allá del evento físico que la acompaña para ambos….el cuerpo natural (físico) y el sobrenatural (etéreo).

Con Jesús aprendí… que la mortal humanidad empieza un día para terminar otro y que es necesario recordar, para sí y para los amados, que cuando ese día se manifiesta… en Dios, todo estará bien para el que regresa al origen, como para los que quedan con su ausencia en espera de su tiempo. Aprendí a priorizar lo sobrenatural de lo natural, que la muerte física se manifiesta una vez el Ser ha llegado al umbral que divide los mundos paralelos, siendo el descanso de lo físico necesario para que el alma libere al espíritu y pueda retomar su evolución ante la Presencia de Dios… donde solo lo mejor pasa. En recordación de ese momento histórico… hoy dejo mis retos naturales por un momento y descanso en Dios la solución de todo lo imposible, le doy a mi espíritu la libertad de SER en mi VIVIR sin ataduras naturales para disfrutar lo sobrenatural que me equilibra, preparándome así para reconocer y disfrutar en la cotidianidad natural de los manifiestos sobrenaturales que recibo de Dios conmigo y en mí y de los que como Jesús físicamente partieron. Descansamos todos en paz y en infinita serenidad.

Cita Libro Guía Personalizada (Biblia)

Job 5:23-24
*Estoy en paz, mi hogar es seguro
y nada me falta…*

Fecha hoy...

Fecha hoy...

*Mi espíritu es mayor
que mi circunstancia...*

Mi Reflexión...

_____
_____
_____
_____
_____

Dios conmigo y en mí SIEMPRE...

Mi Reflexión...

_____
_____
_____
_____
_____

*NADA es en mi contra,
TODO es a mi favor...*

Mi Reflexión...

_____
_____
_____
_____
_____

Mi bienestar es innegociable...

Mi Reflexión...

_____
_____
_____
_____
_____

Hoy recibo para SER y VIVIR...

Mi Reflexión...

_____
_____
_____
_____
_____

*Mi espíritu es mayor
que mi circunstancia...*

Mi Reflexión...

Dios conmigo y en mí SIEMPRE...

Mi Reflexión...

*NADA es en mi contra,
TODO es a mi favor...*

Mi Reflexión...

Mi bienestar es innegociable...

Mi Reflexión...

Hoy recibo para SER y VIVIR...

Mi Reflexión...

Fecha hoy...

Mi espíritu es mayor que mi circunstancia...

Mi Reflexión...
_____
_____
_____
_____
_____

Dios conmigo y en mí SIEMPRE...

Mi Reflexión...
_____
_____
_____
_____

NADA es en mi contra, TODO es a mi favor...

Mi Reflexión...
_____
_____
_____
_____

Mi bienestar es innegociable...

Mi Reflexión...
_____
_____
_____
_____
_____

Hoy recibo para SER y VIVIR...

Mi Reflexión...
_____
_____
_____
_____
_____

Fecha hoy...

Mi espíritu es mayor que mi circunstancia...

Mi Reflexión...
_____
_____
_____
_____
_____

Dios conmigo y en mí SIEMPRE...

Mi Reflexión...
_____
_____
_____
_____

NADA es en mi contra, TODO es a mi favor...

Mi Reflexión...
_____
_____
_____
_____

Mi bienestar es innegociable...

Mi Reflexión...
_____
_____
_____
_____
_____

Hoy recibo para SER y VIVIR...

Mi Reflexión...
_____
_____
_____
_____
_____

Fecha hoy...

Mi espíritu es mayor que mi circunstancia...

Mi Reflexión...
_____
_____
_____
_____
_____

Dios conmigo y en mí SIEMPRE...

Mi Reflexión...
_____
_____
_____
_____
_____

NADA es en mi contra, TODO es a mi favor...

Mi Reflexión...
_____
_____
_____
_____
_____

Mi bienestar es innegociable...

Mi Reflexión...
_____
_____
_____
_____

Hoy recibo para SER y VIVIR...

Mi Reflexión...
_____
_____
_____
_____

Fecha hoy...

Mi espíritu es mayor que mi circunstancia...

Mi Reflexión...
_____
_____
_____
_____
_____

Dios conmigo y en mí SIEMPRE...

Mi Reflexión...
_____
_____
_____
_____
_____

NADA es en mi contra, TODO es a mi favor...

Mi Reflexión...
_____
_____
_____
_____
_____

Mi bienestar es innegociable...

Mi Reflexión...
_____
_____
_____
_____

Hoy recibo para SER y VIVIR...

Mi Reflexión...
_____
_____
_____
_____

Fecha hoy...

Palabra del Día...
Comprométete...

Mi espíritu es mayor que mi circunstancia...

Mi Reflexión...

_____
_____
_____
_____
_____
_____

Dios conmigo y en mí SIEMPRE...

Mi Reflexión...

_____
_____
_____
_____
_____

NADA es en mi contra, TODO es a mi favor...

Mi Reflexión...

_____
_____
_____
_____
_____

Mi bienestar es innegociable...

Mi Reflexión...

_____
_____
_____
_____
_____

Hoy recibo para SER y VIVIR...

Mi Reflexión...

_____
_____
_____
_____
_____

Aprendí de Jesús... COMPROMISO Y CUMPLIMIENTO más allá de lo que pueda doler la misión encomendada. Cuanto puede tolerar un cuerpo depende del compromiso con el que se vaya por la vida y del comprender el cumplimiento en la encomienda. Conocer su tránsito hasta el cumplimiento de su propósito ofrece la oportunidad de reconocer que mientras más cerca está el propósito por manifestarse más intensa puede ser la experiencia y es impostergable. Cada caída con un Propósito Mayor... cada instancia con la palabra certera, mirada elocuente e imprevisto asumido con un compromiso mayor a la capacidad de una mortal humanidad limitada. Mucho más hay de lo conocido y mientras más se conoce…. mayor es el aprendizaje. Ya completada la parte más intensa de su misión y hoy conociendo que lo más importante lo entregó a la humanidad desde su espíritu luego de este momento intenso, lo que hacía primordial pasar por la noche más oscura del alma en su existencia crucificado... desde ese madero y siendo sus últimas expresiones desde su mortal humanidad recibí grandes lecciones para VIVIR.... MEDIAR... Entre Dios y los que necesiten desarrollar su comunicación con Él. REVELAR... Lo que Dios quiere antes, durante o después de lo necesario. LIBERAR... en desapego y por Voluntad Divina todo lo que puede ser importante, amado o entendido en propiedad. RECONOCER... que Dios sigue presente y en control, para mi beneficio y el de todos los involucrados, más allá de la desesperación o la urgencia de pasar el momento. MANIFESTAR... lo necesario y recibir lo inesperado reconociendo que solo de Dios se recibe lo mejor. VALIDAR.. que la revelación fue tal cual se ha vivido y que SIEMPRE Dios nos muestra en sendero antes de ser transitado para que el espíritu cumpla el Propósito Mayor. ENTREGAR... lo esencial, con el dulce agotamiento del propósito cumplido. Conmemorando el día donde lo peor resultó lo mejor, sigo aprendiendo de Jesús en cada momento desde donde mi madurez, evolución y trascendencia me lo hacen posible... lo comparto comprendiendo mi compromiso y cumplimiento del Propósito Mayor de Dios conmigo y en mí... para el beneficio de todos los involucrados. (7 palabras)

Cita Libro Guía Personalizada (Biblia)

Salmo 102:27-28
Vivo segura y prospero pues Mi Dios siempre es el mismo...

Fecha hoy...

Mi espíritu es mayor
que mi circunstancia...

Mi Reflexión...
_____
_____
_____
_____
_____

Dios conmigo y en mí SIEMPRE...

Mi Reflexión...
_____
_____
_____
_____
_____

NADA es en mi contra,
TODO es a mi favor...

Mi Reflexión...
_____
_____
_____
_____
_____

Mi bienestar es innegociable...

Mi Reflexión...
_____
_____
_____
_____
_____

Hoy recibo para SER y VIVIR...

Mi Reflexión...
_____
_____
_____
_____
_____

Fecha hoy...

Mi espíritu es mayor
que mi circunstancia...

Mi Reflexión...
_____
_____
_____
_____
_____

Dios conmigo y en mí SIEMPRE...

Mi Reflexión...
_____
_____
_____
_____
_____

NADA es en mi contra,
TODO es a mi favor...

Mi Reflexión...
_____
_____
_____
_____
_____

Mi bienestar es innegociable...

Mi Reflexión...
_____
_____
_____
_____
_____

Hoy recibo para SER y VIVIR...

Mi Reflexión...
_____
_____
_____
_____
_____

Fecha hoy...

*Mi espíritu es mayor
que mi circunstancia...*

Mi Reflexión...

_____
_____
_____
_____
_____

Dios conmigo y en mí SIEMPRE...

Mi Reflexión...

_____
_____
_____
_____
_____

*NADA es en mi contra,
TODO es a mi favor...*

Mi Reflexión...

_____
_____
_____
_____
_____

Mi bienestar es innegociable...

Mi Reflexión...

_____
_____
_____
_____
_____

Hoy recibo para SER y VIVIR...

Mi Reflexión...

_____
_____
_____
_____
_____

Fecha hoy...

*Mi espíritu es mayor
que mi circunstancia...*

Mi Reflexión...

_____
_____
_____
_____
_____

Dios conmigo y en mí SIEMPRE...

Mi Reflexión...

_____
_____
_____
_____
_____

*NADA es en mi contra,
TODO es a mi favor...*

Mi Reflexión...

_____
_____
_____
_____
_____

Mi bienestar es innegociable...

Mi Reflexión...

_____
_____
_____
_____
_____

Hoy recibo para SER y VIVIR...

Mi Reflexión...

_____
_____
_____
_____
_____

Fecha hoy...

Mi espíritu es mayor que mi circunstancia...

Mi Reflexión...
_____
_____
_____
_____
_____
_____

Dios conmigo y en mí SIEMPRE...

Mi Reflexión...
_____
_____
_____
_____
_____
_____

NADA es en mi contra, TODO es a mi favor...

Mi Reflexión...
_____
_____
_____
_____
_____
_____

Mi bienestar es innegociable...

Mi Reflexión...
_____
_____
_____
_____
_____

Hoy recibo para SER y VIVIR...

Mi Reflexión...
_____
_____
_____
_____
_____

Fecha hoy...

Mi espíritu es mayor que mi circunstancia...

Mi Reflexión...
_____
_____
_____
_____
_____
_____

Dios conmigo y en mí SIEMPRE...

Mi Reflexión...
_____
_____
_____
_____
_____
_____

NADA es en mi contra, TODO es a mi favor...

Mi Reflexión...
_____
_____
_____
_____
_____
_____

Mi bienestar es innegociable...

Mi Reflexión...
_____
_____
_____
_____
_____

Hoy recibo para SER y VIVIR...

Mi Reflexión...
_____
_____
_____
_____
_____

Fecha hoy...

Palabra del Día... Transfórmate...

Mi espíritu es mayor que mi circunstancia...

Mi Reflexión...

_____
_____
_____
_____
_____
_____

Dios conmigo y en mí SIEMPRE...

Mi Reflexión...

_____
_____
_____
_____
_____
_____

NADA es en mi contra, TODO es a mi favor...

Mi Reflexión...

_____
_____
_____
_____
_____
_____

Mi bienestar es innegociable...

Mi Reflexión...

_____
_____
_____
_____
_____
_____

Hoy recibo para SER y VIVIR...

Mi Reflexión...

_____
_____
_____
_____
_____
_____

Después de la Ultima Cena Jesús se dirigió al huerto, donde acostumbraba a reunirse con sus discípulos a orar. Era su costumbre aislarse para orar y aquí reconozco mi costumbre de reunirme con Dios en mi abrir y cerrar el día, que ha evolucionado hasta hacerse la costumbre innegociable para mi beneficio y el de todos los involucrados.

Así como Jesús tengo mi lugar especial donde esa comunicación en comunión con Dios me ofrece lo necesario para confrontar mi Judas personal y encontrar el Propósito Mayor en todo reto que quisiera evitar, además de encontrar todas las respuestas y razones para místicamente VIVIR.

De la tristeza de Jesús ante la agonía de su momento más intenso por VIVIR, aprendí que el dolor es natural y que sufrir es opcional... que la noche oscura del alma se pasa desde la mortal humanidad y se supera desde el espíritu en serenidad.

En ese momento donde todo parece vencer y la tristeza se hace inmensa... la misericordia de Dios, Supremo, Soberano Suplidor provee TODO lo necesario para superar lo necesario y madurar, evolucionar y trascender en el VIVIR hasta en contra de nosotros mismos. Aprendí a reconocer mi vulnerabilidad limitante desde mi mortal humanidad y sabiendo que mi parte está hecha dejar a Dios hacer lo demás...

Cada uno necesita su lugar donde se transforma el quebranto en oportunidad, se aquieta la mortal humanidad, se manifiesta el dominio espiritual ante lo inevitable y se siente a Dios tan cerca que nos olvidamos de la angustia agónica de lo inevitable solo quedando en Dios confiar... de Jesús aprendí a CON FE IR.

Cita Libro Guía Personalizada (Biblia)

Jeremías 51:36
Mi Dios defiende mi causa...

Fecha hoy...

Mi espíritu es mayor que mi circunstancia...

Mi Reflexión...
_____
_____
_____
_____
_____

Dios conmigo y en mí SIEMPRE...

Mi Reflexión...
_____
_____
_____
_____
_____

NADA es en mi contra, TODO es a mi favor...

Mi Reflexión...
_____
_____
_____
_____
_____

Mi bienestar es innegociable...

Mi Reflexión...
_____
_____
_____
_____
_____

Hoy recibo para SER y VIVIR...

Mi Reflexión...
_____
_____
_____
_____
_____

Fecha hoy...

Mi espíritu es mayor que mi circunstancia...

Mi Reflexión...
_____
_____
_____
_____
_____

Dios conmigo y en mí SIEMPRE...

Mi Reflexión...
_____
_____
_____
_____
_____

NADA es en mi contra, TODO es a mi favor...

Mi Reflexión...
_____
_____
_____
_____
_____

Mi bienestar es innegociable...

Mi Reflexión...
_____
_____
_____
_____
_____

Hoy recibo para SER y VIVIR...

Mi Reflexión...
_____
_____
_____
_____
_____

Fecha hoy...

Mi espíritu es mayor que mi circunstancia...

Mi Reflexión...
_____
_____
_____
_____
_____

Dios conmigo y en mí SIEMPRE...

Mi Reflexión...
_____
_____
_____
_____
_____

NADA es en mi contra, TODO es a mi favor...

Mi Reflexión...
_____
_____
_____
_____
_____

Mi bienestar es innegociable...

Mi Reflexión...
_____
_____
_____
_____
_____

Hoy recibo para SER y VIVIR...

Mi Reflexión...
_____
_____
_____
_____
_____

Fecha hoy...

Mi espíritu es mayor que mi circunstancia...

Mi Reflexión...
_____
_____
_____
_____
_____

Dios conmigo y en mí SIEMPRE...

Mi Reflexión...
_____
_____
_____
_____
_____

NADA es en mi contra, TODO es a mi favor...

Mi Reflexión...
_____
_____
_____
_____
_____

Mi bienestar es innegociable...

Mi Reflexión...
_____
_____
_____
_____
_____

Hoy recibo para SER y VIVIR...

Mi Reflexión...
_____
_____
_____
_____
_____

Fecha hoy...

Mi espíritu es mayor que mi circunstancia...

Mi Reflexión...
_____
_____
_____
_____
_____
_____

Dios conmigo y en mí SIEMPRE...

Mi Reflexión...
_____
_____
_____
_____
_____
_____

NADA es en mi contra, TODO es a mi favor...

Mi Reflexión...
_____
_____
_____
_____
_____
_____

Mi bienestar es innegociable...

Mi Reflexión...
_____
_____
_____
_____
_____
_____

Hoy recibo para SER y VIVIR...

Mi Reflexión...
_____
_____
_____
_____
_____
_____

Fecha hoy...

Mi espíritu es mayor que mi circunstancia...

Mi Reflexión...
_____
_____
_____
_____
_____
_____

Dios conmigo y en mí SIEMPRE...

Mi Reflexión...
_____
_____
_____
_____
_____
_____

NADA es en mi contra, TODO es a mi favor...

Mi Reflexión...
_____
_____
_____
_____
_____
_____

Mi bienestar es innegociable...

Mi Reflexión...
_____
_____
_____
_____
_____
_____

Hoy recibo para SER y VIVIR...

Mi Reflexión...
_____
_____
_____
_____
_____
_____

Fecha hoy...

Palabra del Día...
Espera...

Mi espíritu es mayor que mi circunstancia...

Mi Reflexión...
_____
_____
_____
_____
_____
_____

Dios conmigo y en mí SIEMPRE...

Mi Reflexión...
_____
_____
_____
_____
_____
_____

NADA es en mi contra, TODO es a mi favor...

Mi Reflexión...
_____
_____
_____
_____
_____

Mi bienestar es innegociable...

Mi Reflexión...
_____
_____
_____
_____
_____

Hoy recibo para SER y VIVIR...

Mi Reflexión...
_____
_____
_____
_____
_____

De Jesús aprendí su esperar... hasta en los momentos inevitables donde el dolor deja saber de la mortal humanidad. Retirarse y esperar sabiendo que todo lo posible se ha hecho, que toda la encomienda fue completada, que la misión fue realizada y que todo lo necesario está pasando por los demás involucrados para que el Propósito Mayor sea visto.

También a ESPERAR... cuando Dios me dice quítate y déjame a mí... cuando me invita a apoyar sin adoptar... cuando me revela para apoyar una vez la calma se manifiesta luego de ña tempestad…. o simplemente todo cumplido está y hay que esperar luego de apoyar a un ser que ha completado aquí su transitar y al origen le toca regresar.

Lo que es... ES y de la Mano de Dios preparamos el cuerpo pues en el espíritu se vive primero, eso es ESPERAR...Parar y en Dios descansar.

Cita Libro Guía Personalizada (Biblia)

Deuteronomio 18:22
Se que el mensaje proviene de Mi Dios...

Fecha hoy...

Mi espíritu es mayor que mi circunstancia...

Mi Reflexión...
_____
_____
_____
_____
_____

Dios conmigo y en mí SIEMPRE...

Mi Reflexión...
_____
_____
_____
_____
_____

NADA es en mi contra, TODO es a mi favor...

Mi Reflexión...
_____
_____
_____
_____
_____

Mi bienestar es innegociable...

Mi Reflexión...
_____
_____
_____
_____
_____

Hoy recibo para SER y VIVIR...

Mi Reflexión...
_____
_____
_____
_____
_____

Fecha hoy...

Mi espíritu es mayor que mi circunstancia...

Mi Reflexión...
_____
_____
_____
_____
_____

Dios conmigo y en mí SIEMPRE...

Mi Reflexión...
_____
_____
_____
_____
_____

NADA es en mi contra, TODO es a mi favor...

Mi Reflexión...
_____
_____
_____
_____
_____

Mi bienestar es innegociable...

Mi Reflexión...
_____
_____
_____
_____
_____

Hoy recibo para SER y VIVIR...

Mi Reflexión...
_____
_____
_____
_____
_____

Fecha hoy...

Fecha hoy...

*Mi espíritu es mayor
que mi circunstancia...*

Mi Reflexión...
_____
_____
_____
_____
_____

Dios conmigo y en mí SIEMPRE...

Mi Reflexión...
_____
_____
_____
_____
_____

*NADA es en mi contra,
TODO es a mi favor...*

Mi Reflexión...
_____
_____
_____
_____
_____

Mi bienestar es innegociable...

Mi Reflexión...
_____
_____
_____
_____
_____

Hoy recibo para SER y VIVIR...

Mi Reflexión...
_____
_____
_____
_____
_____

*Mi espíritu es mayor
que mi circunstancia...*

Mi Reflexión...
_____
_____
_____
_____
_____

Dios conmigo y en mí SIEMPRE...

Mi Reflexión...
_____
_____
_____
_____
_____

*NADA es en mi contra,
TODO es a mi favor...*

Mi Reflexión...
_____
_____
_____
_____
_____

Mi bienestar es innegociable...

Mi Reflexión...
_____
_____
_____
_____
_____

Hoy recibo para SER y VIVIR...

Mi Reflexión...
_____
_____
_____
_____
_____

Fecha hoy...

Mi espíritu es mayor que mi circunstancia...

Mi Reflexión...
_____
_____
_____
_____
_____

Dios conmigo y en mí SIEMPRE...

Mi Reflexión...
_____
_____
_____
_____
_____

NADA es en mi contra, TODO es a mi favor...

Mi Reflexión...
_____
_____
_____
_____
_____

Mi bienestar es innegociable...

Mi Reflexión...
_____
_____
_____
_____
_____

Hoy recibo para SER y VIVIR...

Mi Reflexión...
_____
_____
_____
_____
_____

Fecha hoy...

Mi espíritu es mayor que mi circunstancia...

Mi Reflexión...
_____
_____
_____
_____
_____

Dios conmigo y en mí SIEMPRE...

Mi Reflexión...
_____
_____
_____
_____
_____

NADA es en mi contra, TODO es a mi favor...

Mi Reflexión...
_____
_____
_____
_____
_____

Mi bienestar es innegociable...

Mi Reflexión...
_____
_____
_____
_____
_____

Hoy recibo para SER y VIVIR...

Mi Reflexión...
_____
_____
_____
_____
_____

Fecha hoy...

Palabra del Día...
Cumple...

Mi espíritu es mayor que mi circunstancia...

Mi Reflexión...

_____
_____
_____
_____
_____
_____

Dios conmigo y en mí SIEMPRE...

_____
_____
_____
_____
_____

NADA es en mi contra, TODO es a mi favor...

_____
_____
_____
_____
_____

Mi bienestar es innegociable...

_____
_____
_____
_____

Hoy recibo para SER y VIVIR...

_____
_____
_____
_____

De Jesús como patrón aprendí que... todos los que cerca están de mí pueden, desde su mortal humanidad y con propósito mayor, ofrecer lo que nunca esperaría recibir. Dios en su infinita bondad me va a revelar antes y discerniré después el para qué me tocó VIVIRIo, recordando que mi bienestar es innegociable más allá de lo que viva y solo Dios nunca falla.

Ambos tanto Judas como Pedro amaban a su Maestro... ambos con Él estuvieron, ambos su propósito cumplieron pues sin esto lo que Jesús predijo nunca profecía hubiesen sido y Jesús hubiese mentido.

Para que el propósito de Dios en nosotros se cumpla, necesitamos a un Judas en la mesa que nos rete y un Pedro que nos ame tanto que nos recuerden que solo Dios nos ama infinitamente siempre...

En cada mesa hay un Judas que recuerda que Dios está presente y en control, más allá del dolor de la traición y que el amor de Dios es infinito, aunque los que dicen amarme ante la opinión pública siendo mis Pedros decidan negarme. Cuando solo Dios queda... solo Dios basta para que ante la traición y la negación NADA sea pérdida y sea ganancia TODO.

Cita Libro Guía Personalizada (Biblia)

1 Samuel 25:29
Aun cuando me persiguen mi vida está a salva al cuidado de Mi Dios...

Fecha hoy...

Mi espíritu es mayor que mi circunstancia...

Mi Reflexión...
_____
_____
_____
_____
_____
_____

Dios conmigo y en mí SIEMPRE...

Mi Reflexión...
_____
_____
_____
_____
_____

NADA es en mi contra, TODO es a mi favor...

Mi Reflexión...
_____
_____
_____
_____
_____
_____

Mi bienestar es innegociable...

Mi Reflexión...
_____
_____
_____
_____
_____

Hoy recibo para SER y VIVIR...

Mi Reflexión...
_____
_____
_____
_____
_____

Fecha hoy...

Mi espíritu es mayor que mi circunstancia...

Mi Reflexión...
_____
_____
_____
_____
_____
_____

Dios conmigo y en mí SIEMPRE...

Mi Reflexión...
_____
_____
_____
_____
_____

NADA es en mi contra, TODO es a mi favor...

Mi Reflexión...
_____
_____
_____
_____
_____
_____

Mi bienestar es innegociable...

Mi Reflexión...
_____
_____
_____
_____
_____

Hoy recibo para SER y VIVIR...

Mi Reflexión...
_____
_____
_____
_____
_____

Fecha hoy...

Mi espíritu es mayor
que mi circunstancia...

Mi Reflexión...

_____
_____
_____
_____
_____

Dios conmigo y en mí SIEMPRE...

Mi Reflexión...

_____
_____
_____
_____
_____

NADA es en mi contra,
TODO es a mi favor...

Mi Reflexión...

_____
_____
_____
_____
_____

Mi bienestar es innegociable...

Mi Reflexión...

_____
_____
_____
_____
_____

Hoy recibo para SER y VIVIR...

Mi Reflexión...

_____
_____
_____
_____
_____

Fecha hoy...

Mi espíritu es mayor
que mi circunstancia...

Mi Reflexión...

_____
_____
_____
_____
_____

Dios conmigo y en mí SIEMPRE...

Mi Reflexión...

_____
_____
_____
_____
_____

NADA es en mi contra,
TODO es a mi favor...

Mi Reflexión...

_____
_____
_____
_____
_____

Mi bienestar es innegociable...

Mi Reflexión...

_____
_____
_____
_____
_____

Hoy recibo para SER y VIVIR...

Mi Reflexión...

_____
_____
_____
_____
_____

Fecha hoy...

Mi espíritu es mayor
que mi circunstancia...

Mi Reflexión...
_____
_____
_____
_____
_____
_____

Dios conmigo y en mí SIEMPRE...

Mi Reflexión...
_____
_____
_____
_____
_____
_____

NADA es en mi contra,
TODO es a mi favor...

Mi Reflexión...
_____
_____
_____
_____
_____
_____

Mi bienestar es innegociable...

Mi Reflexión...
_____
_____
_____
_____
_____

Hoy recibo para SER y VIVIR...

Mi Reflexión...
_____
_____
_____
_____
_____

Fecha hoy...

Mi espíritu es mayor
que mi circunstancia...

Mi Reflexión...
_____
_____
_____
_____
_____
_____

Dios conmigo y en mí SIEMPRE...

Mi Reflexión...
_____
_____
_____
_____
_____
_____

NADA es en mi contra,
TODO es a mi favor...

Mi Reflexión...
_____
_____
_____
_____
_____
_____

Mi bienestar es innegociable...

Mi Reflexión...
_____
_____
_____
_____
_____

Hoy recibo para SER y VIVIR...

Mi Reflexión...
_____
_____
_____
_____
_____

Fecha hoy...

Palabra del Día... Da...

Mi espíritu es mayor que mi circunstancia...

Mi Reflexión...

_____
_____
_____
_____
_____
_____

Dios conmigo y en mí SIEMPRE...

Mi Reflexión...

_____
_____
_____
_____
_____
_____

NADA es en mi contra, TODO es a mi favor...

Mi Reflexión...

_____
_____
_____
_____
_____
_____

Mi bienestar es innegociable...

Mi Reflexión...

_____
_____
_____
_____
_____
_____

Hoy recibo para SER y VIVIR...

Mi Reflexión...

_____
_____
_____
_____
_____
_____

GRATIFICACIÓN Y MERECIMIENTO desde el patrón de Jesús lo aprendí... Nos merecemos lo mejor y Dios lo sabe... así lo vivió Jesús y lo vivo yo.

En el recibir lo mejor, de a quien le place, hay el merecimiento suficiente para simplemente agradecer... muchos podrán entender otra cosa como y opinarán solo para intentar robarnos el momento agradable...nada más es necesario recibirlo con la humildad como lo hizo Jesús.

Si sabes que aprender a recibir es la parte más importante de dar, recibirás humildemente, con alegría y gratitud lo que es gratificante ofrecer al que da y merecido al receptor.

Desde un alago hasta una opinión saber recibirlo marcará lo que resulte para ambos.

Cita Libro Guía Personalizada (Biblia)

Hageo 2:4
¡Manos a la obra!
Dios es en mí y conmigo

Fecha hoy...

Mi espíritu es mayor que mi circunstancia...

Mi Reflexión...
_____
_____
_____
_____
_____

Dios conmigo y en mí SIEMPRE...

Mi Reflexión...
_____
_____
_____
_____
_____

NADA es en mi contra, TODO es a mi favor...

Mi Reflexión...
_____
_____
_____
_____
_____

Mi bienestar es innegociable...

Mi Reflexión...
_____
_____
_____
_____
_____

Hoy recibo para SER y VIVIR...

Mi Reflexión...
_____
_____
_____
_____
_____

Fecha hoy...

Mi espíritu es mayor que mi circunstancia...

Mi Reflexión...
_____
_____
_____
_____
_____

Dios conmigo y en mí SIEMPRE...

Mi Reflexión...
_____
_____
_____
_____
_____

NADA es en mi contra, TODO es a mi favor...

Mi Reflexión...
_____
_____
_____
_____
_____

Mi bienestar es innegociable...

Mi Reflexión...
_____
_____
_____
_____
_____

Hoy recibo para SER y VIVIR...

Mi Reflexión...
_____
_____
_____
_____
_____

Fecha hoy...

Mi espíritu es mayor que mi circunstancia...

Mi Reflexión...
_____
_____
_____
_____
_____

Dios conmigo y en mí SIEMPRE...

Mi Reflexión...
_____
_____
_____
_____
_____

NADA es en mi contra, TODO es a mi favor...

Mi Reflexión...
_____
_____
_____
_____
_____

Mi bienestar es innegociable...

Mi Reflexión...
_____
_____
_____
_____
_____

Hoy recibo para SER y VIVIR...

Mi Reflexión...
_____
_____
_____
_____
_____

Fecha hoy...

Mi espíritu es mayor que mi circunstancia...

Mi Reflexión...
_____
_____
_____
_____
_____

Dios conmigo y en mí SIEMPRE...

Mi Reflexión...
_____
_____
_____
_____
_____

NADA es en mi contra, TODO es a mi favor...

Mi Reflexión...
_____
_____
_____
_____
_____

Mi bienestar es innegociable...

Mi Reflexión...
_____
_____
_____
_____
_____

Hoy recibo para SER y VIVIR...

Mi Reflexión...
_____
_____
_____
_____
_____

Fecha hoy...

Mi espíritu es mayor
que mi circunstancia...

Mi Reflexión...
_____
_____
_____
_____
_____

Dios conmigo y en mí SIEMPRE...

Mi Reflexión...
_____
_____
_____
_____
_____

NADA es en mi contra,
TODO es a mi favor...

Mi Reflexión...
_____
_____
_____
_____
_____

Mi bienestar es innegociable...

Mi Reflexión...
_____
_____
_____
_____
_____

Hoy recibo para SER y VIVIR...

Mi Reflexión...
_____
_____
_____
_____
_____

Fecha hoy...

Mi espíritu es mayor
que mi circunstancia...

Mi Reflexión...
_____
_____
_____
_____
_____

Dios conmigo y en mí SIEMPRE...

Mi Reflexión...
_____
_____
_____
_____
_____

NADA es en mi contra,
TODO es a mi favor...

Mi Reflexión...
_____
_____
_____
_____
_____

Mi bienestar es innegociable...

Mi Reflexión...
_____
_____
_____
_____
_____

Hoy recibo para SER y VIVIR...

Mi Reflexión...
_____
_____
_____
_____
_____

Fecha hoy...

Palabra del Día...
Florece...

*Mi espíritu es mayor
que mi circunstancia...*

Mi Reflexión...
_____
_____
_____
_____
_____
_____
_____

Dios conmigo y en mí SIEMPRE...

Mi Reflexión...
_____
_____
_____
_____
_____

*NADA es en mi contra,
TODO es a mi favor...*

Mi Reflexión...
_____
_____
_____
_____
_____
_____

Mi bienestar es innegociable...

Mi Reflexión...
_____
_____
_____
_____
_____
_____

Hoy recibo para SER y VIVIR...

Mi Reflexión...
_____
_____
_____
_____
_____

Nada se puede contar que con detalles logre capturar lo que es ante la presencia de Dios estar. Es un privilegio individual, rebosante de infinita paz ante la inmensidad de todo lo que provoca disfrute, seguridad, ganancia y bienestar... donde solo lo mejor puede pasar. Donde lo que limita desaparece y las posibilidades florecen.

Desde una experiencia dolorosamente intensa para muchos la más plena para quien protagoniza la limitante mortal humanidad. ¿Cómo privarse de tal VIVIR?...

Solo por un Propósito Mayor pues al renunciar a hacer lo que corresponde, como acordado y en el tiempo adecuado, se renuncia al privilegio de la eternidad en plenitud a destiempo.

La negociación de SER fue clara y en ganancia para todos los involucrados, los retos naturales nunca limitarán el propósito sobrenatural... Revalidando lo que me toca y renovando el compromiso año tras año de Iluminar el sendero de otros, así como Dios y yo acordamos.

Con la mejor intención sigo gestionando, aprendiendo lo necesario, sin lugar a duda apoyando a los que me tocan a desarrollar o fortalecer su relación con Dios más allá de dogmas o doctrinas. Iluminando el entendimiento para que Dios ilumine sus caminos. Avanzando y más por ver pues SEResVIVIR...

Un día...cuando Dios muestra el para qué hay que regresar a cumplir la misión, a más ver e iluminada...Renovada.

Cita Libro Guía Personalizada (Biblia)

*Romanos 1:9
Dios sabe...*

Fecha hoy...

Mi espíritu es mayor que mi circunstancia...

Mi Reflexión...
_____
_____
_____
_____
_____

Dios conmigo y en mí SIEMPRE...

Mi Reflexión...
_____
_____
_____
_____
_____

NADA es en mi contra, TODO es a mi favor...

Mi Reflexión...
_____
_____
_____
_____
_____

Mi bienestar es innegociable...

Mi Reflexión...
_____
_____
_____
_____
_____

Hoy recibo para SER y VIVIR...

Mi Reflexión...
_____
_____
_____
_____
_____

Fecha hoy...

Mi espíritu es mayor que mi circunstancia...

Mi Reflexión...
_____
_____
_____
_____
_____

Dios conmigo y en mí SIEMPRE...

Mi Reflexión...
_____
_____
_____
_____
_____

NADA es en mi contra, TODO es a mi favor...

Mi Reflexión...
_____
_____
_____
_____
_____

Mi bienestar es innegociable...

Mi Reflexión...
_____
_____
_____
_____
_____

Hoy recibo para SER y VIVIR...

Mi Reflexión...
_____
_____
_____
_____
_____

Fecha hoy...

Mi espíritu es mayor
que mi circunstancia...

Mi Reflexión...
_____
_____
_____
_____
_____

Dios conmigo y en mí SIEMPRE...

Mi Reflexión...
_____
_____
_____
_____
_____

NADA es en mi contra,
TODO es a mi favor...

Mi Reflexión...
_____
_____
_____
_____
_____

Mi bienestar es innegociable...

Mi Reflexión...
_____
_____
_____
_____
_____

Hoy recibo para SER y VIVIR...

Mi Reflexión...
_____
_____
_____
_____
_____

Fecha hoy...

Mi espíritu es mayor
que mi circunstancia...

Mi Reflexión...
_____
_____
_____
_____
_____

Dios conmigo y en mí SIEMPRE...

Mi Reflexión...
_____
_____
_____
_____
_____

NADA es en mi contra,
TODO es a mi favor...

Mi Reflexión...
_____
_____
_____
_____
_____

Mi bienestar es innegociable...

Mi Reflexión...
_____
_____
_____
_____
_____

Hoy recibo para SER y VIVIR...

Mi Reflexión...
_____
_____
_____
_____
_____

Fecha hoy...

Mi espíritu es mayor que mi circunstancia...

Mi Reflexión...
_____
_____
_____
_____
_____

Dios conmigo y en mí SIEMPRE...

Mi Reflexión...
_____
_____
_____
_____
_____

NADA es en mi contra, TODO es a mi favor...

Mi Reflexión...
_____
_____
_____
_____
_____

Mi bienestar es innegociable...

Mi Reflexión...
_____
_____
_____
_____
_____

Hoy recibo para SER y VIVIR...

Mi Reflexión...
_____
_____
_____
_____
_____

Fecha hoy...

Mi espíritu es mayor que mi circunstancia...

Mi Reflexión...
_____
_____
_____
_____
_____

Dios conmigo y en mí SIEMPRE...

Mi Reflexión...
_____
_____
_____
_____
_____

NADA es en mi contra, TODO es a mi favor...

Mi Reflexión...
_____
_____
_____
_____
_____

Mi bienestar es innegociable...

Mi Reflexión...
_____
_____
_____
_____
_____

Hoy recibo para SER y VIVIR...

Mi Reflexión...
_____
_____
_____
_____
_____

Fecha hoy...

Palabra del Día... Logra...

Mi espíritu es mayor que mi circunstancia...

_____
_____
_____
_____
_____

Dios conmigo y en mí SIEMPRE...

_____
_____
_____
_____

NADA es en mi contra, TODO es a mi favor...

_____
_____
_____
_____

Mi bienestar es innegociable...

_____
_____
_____
_____

Hoy recibo para SER y VIVIR...

_____
_____
_____
_____

A cada una de las mujeres que me regalan el privilegio de estar en mi sendero...

Cada día reconozco que como mujeres somos la evolución más adelantada e insistir en la igualdad con otros es retroceder.

Lo alcanzado ha sido el resultado del... convencimiento de que podemos más de lo que pensamos, que tenemos mejores modos de alcanzar lo necesario y que somos efectivas pues somos la obra perfeccionada de un ser perfecto...

Entonces para que luchar lo que se puede lograr en paz perseverando.

A ti que te sabes mujer sin necesidad de nada demostrar, reconoce las que aportaron a nuestro posicionamiento y haz cada día... en cada momento, la diferencia en el mundo sin querer trato igual cuando representa menos y la renuncia al merecimiento.

A todas esas mujeres que se han dado la oportunidad de descubrirse, conocerse, explorarse, validarse y SER auténticamente únicas... haciendo un mundo diferente para su disfrute, seguridad, ganancia y bienestar... GRACIAS por hacer la diferencia. Y tú en especial... celébrate.

Pa'lante que cada día nos queda mejor, haciendo la diferencia en vez de luchar por la igualdad. Mujeres únicas han marcado la historia. sigue siendo tú, todo llegará y superará las expectativas.

Dios contigo y en ti hace todo menos lo que te toca, enfoca y confía un momento a la vez... día a día, hace la misión cumplida.

SER mujer es saber que nadie es igual y se celebra la unicidad. SER mujer es cada día celebrarse Y VIVIR.

Cita Libro Guía Personalizada (Biblia)

Deuteronomio 4:2
Simplemente obedezco a Mi Dios...

Fecha hoy...

Mi espíritu es mayor que mi circunstancia...

Mi Reflexión...

_____
_____
_____
_____
_____

Dios conmigo y en mí SIEMPRE...

Mi Reflexión...

_____
_____
_____
_____
_____

NADA es en mi contra, TODO es a mi favor...

Mi Reflexión...

_____
_____
_____
_____
_____

Mi bienestar es innegociable...

Mi Reflexión...

_____
_____
_____
_____
_____

Hoy recibo para SER y VIVIR...

Mi Reflexión...

_____
_____
_____
_____
_____

Fecha hoy...

Mi espíritu es mayor que mi circunstancia...

Mi Reflexión...

_____
_____
_____
_____
_____

Dios conmigo y en mí SIEMPRE...

Mi Reflexión...

_____
_____
_____
_____
_____

NADA es en mi contra, TODO es a mi favor...

Mi Reflexión...

_____
_____
_____
_____
_____

Mi bienestar es innegociable...

Mi Reflexión...

_____
_____
_____
_____
_____

Hoy recibo para SER y VIVIR...

Mi Reflexión...

_____
_____
_____
_____
_____

Fecha hoy...

*Mi espíritu es mayor
que mi circunstancia...*

Mi Reflexión...
_____
_____
_____
_____
_____

Dios conmigo y en mí SIEMPRE...

Mi Reflexión...
_____
_____
_____
_____
_____

*NADA es en mi contra,
TODO es a mi favor...*

Mi Reflexión...
_____
_____
_____
_____
_____

Mi bienestar es innegociable...

Mi Reflexión...
_____
_____
_____
_____
_____

Hoy recibo para SER y VIVIR...

Mi Reflexión...
_____
_____
_____
_____
_____

Fecha hoy...

*Mi espíritu es mayor
que mi circunstancia...*

Mi Reflexión...
_____
_____
_____
_____
_____

Dios conmigo y en mí SIEMPRE...

Mi Reflexión...
_____
_____
_____
_____
_____

*NADA es en mi contra,
TODO es a mi favor...*

Mi Reflexión...
_____
_____
_____
_____
_____

Mi bienestar es innegociable...

Mi Reflexión...
_____
_____
_____
_____
_____

Hoy recibo para SER y VIVIR...

Mi Reflexión...
_____
_____
_____
_____
_____

Fecha hoy...

Mi espíritu es mayor que mi circunstancia...

Mi Reflexión...
_____
_____
_____
_____
_____

Dios conmigo y en mí SIEMPRE...

Mi Reflexión...
_____
_____
_____
_____
_____

NADA es en mi contra, TODO es a mi favor...

Mi Reflexión...
_____
_____
_____
_____
_____

Mi bienestar es innegociable...

Mi Reflexión...
_____
_____
_____
_____
_____

Hoy recibo para SER y VIVIR...

Mi Reflexión...
_____
_____
_____
_____
_____

Fecha hoy...

Mi espíritu es mayor que mi circunstancia...

Mi Reflexión...

Dios conmigo y en mí SIEMPRE...

Mi Reflexión...

NADA es en mi contra, TODO es a mi favor...

Mi Reflexión...

Mi bienestar es innegociable...

Mi Reflexión...

Hoy recibo para SER y VIVIR...

Mi Reflexión...

Fecha hoy...

Palabra del Día...
Experimenta...

Mi espíritu es mayor
que mi circunstancia...

Cuando una huella de dolor se recibe, editar en positivo supera el duelo equilibrando el VIVIR.

Un día como hoy... años después del dolor de la orfandad, como evolución natural un día de dolor se transformó. Honrando las palabras de una partida "a mí me quedan cosas por hacer aquí" decidí que cada año en ese aniversario es el día de retomar la misión que me tiene aquí, tal cual Dios conmigo y en mi valida en mi VIVIR...

Mi Reflexión...

Dios conmigo y en mí SIEMPRE...

En las experiencias está la vivencia que es necesaria definir con el validar de lo que la vida nos presenta sin cesar. Ir en contra de lo natural puede desgastar y algo sobrenatural pasa en realidad.

Mi Reflexión...

NADA es en mí contra,
TODO es a mí favor...

Revisando mi experiencia reconozco una pausa de un mes...la misma pausa que dedico al aislamiento preparatorio para el año a comenzar y revisar lo vivido en el año que termina por cada uno de mis ciclos.

Mi Reflexión...

Luego de con nostalgia revisar un pasado de dolor, cada año abro las puertas de uno nuevo con la ilusión de servir de canal para la iluminación de muchos, apoyo para otros, mentora de algunos, maestra para los necesarios y guía espiritual para las almas en custodia que me tocan.

Mi bienestar es innegociable...

Mi Reflexión...

AGRADECIDA de Dios y de los que me esperan... abro cada año profesional de cambios favorables naturales, con la serenidad de saber que Dios me lleva en disfrute, seguridad, ganancia y bienestar, dentro de SuMisión con propósito mayor y en mansedumbre, para beneficio propio y el de todos los involucrados.

Hoy recibo para SER y VIVIR...

Mi Reflexión...

Cita Libro Guía Personalizada (Biblia)

Proverbios 18:15
Soy dispuesta a aprender...

128

Fecha hoy...

*Mi espíritu es mayor
que mi circunstancia...*

Mi Reflexión...
_____
_____
_____
_____
_____
_____

Dios conmigo y en mí SIEMPRE...

Mi Reflexión...
_____
_____
_____
_____
_____
_____

*NADA es en mi contra,
TODO es a mi favor...*

Mi Reflexión...
_____
_____
_____
_____
_____
_____

Mi bienestar es innegociable...

Mi Reflexión...
_____
_____
_____
_____
_____

Hoy recibo para SER y VIVIR...

Mi Reflexión...
_____
_____
_____
_____
_____

Fecha hoy...

*Mi espíritu es mayor
que mi circunstancia...*

Mi Reflexión...
_____
_____
_____
_____
_____
_____

Dios conmigo y en mí SIEMPRE...

Mi Reflexión...
_____
_____
_____
_____
_____
_____

*NADA es en mi contra,
TODO es a mi favor...*

Mi Reflexión...
_____
_____
_____
_____
_____
_____

Mi bienestar es innegociable...

Mi Reflexión...
_____
_____
_____
_____
_____

Hoy recibo para SER y VIVIR...

Mi Reflexión...
_____
_____
_____
_____
_____

Fecha hoy...

Mi espíritu es mayor
que mi circunstancia...

Mi Reflexión...
_____
_____
_____
_____
_____

Dios conmigo y en mí SIEMPRE...

Mi Reflexión...
_____
_____
_____
_____
_____

NADA es en mi contra,
TODO es a mi favor...

Mi Reflexión...
_____
_____
_____
_____
_____

Mi bienestar es innegociable...

Mi Reflexión...
_____
_____
_____
_____
_____

Hoy recibo para SER y VIVIR...

Mi Reflexión...
_____
_____
_____
_____
_____

Fecha hoy...

Mi espíritu es mayor
que mi circunstancia...

Mi Reflexión...
_____
_____
_____
_____
_____

Dios conmigo y en mí SIEMPRE...

Mi Reflexión...
_____
_____
_____
_____
_____

NADA es en mi contra,
TODO es a mi favor...

Mi Reflexión...
_____
_____
_____
_____
_____

Mi bienestar es innegociable...

Mi Reflexión...
_____
_____
_____
_____
_____

Hoy recibo para SER y VIVIR...

Mi Reflexión...
_____
_____
_____
_____
_____

Fecha hoy...

Mi espíritu es mayor que mi circunstancia...

Mi Reflexión...
_____
_____
_____
_____
_____
_____

Dios conmigo y en mí SIEMPRE...

Mi Reflexión...
_____
_____
_____
_____
_____

NADA es en mi contra, TODO es a mi favor...

Mi Reflexión...
_____
_____
_____
_____
_____

Mi bienestar es innegociable...

Mi Reflexión...
_____
_____
_____
_____
_____

Hoy recibo para SER y VIVIR...

Mi Reflexión...
_____
_____
_____
_____

Fecha hoy...

Mi espíritu es mayor que mi circunstancia...

Mi Reflexión...
_____
_____
_____
_____
_____
_____

Dios conmigo y en mí SIEMPRE...

Mi Reflexión...
_____
_____
_____
_____
_____

NADA es en mi contra, TODO es a mi favor...

Mi Reflexión...
_____
_____
_____
_____
_____

Mi bienestar es innegociable...

Mi Reflexión...
_____
_____
_____
_____
_____

Hoy recibo para SER y VIVIR...

Mi Reflexión...
_____
_____
_____
_____

Fecha hoy...

Palabra del Día...
Siente...

Mi espíritu es mayor que mi circunstancia...

Mi Reflexión...
_____
_____
_____
_____
_____
_____

Dios conmigo y en mí SIEMPRE...

Mi Reflexión...
_____
_____
_____
_____

NADA es en mi contra, TODO es a mi favor...

Mi Reflexión...
_____
_____
_____
_____
_____

Mi bienestar es innegociable...

Mi Reflexión...
_____
_____
_____
_____
_____
_____

Hoy recibo para SER y VIVIR...

Mi Reflexión...
_____
_____
_____
_____

Depende de lo que se viva y de quien lo viva, el sentido que tiene lo que para otros solo se defina.

Orfandad…. Huérfana sí, que con h se escribe siendo "muda" ... y la mudez pierde cuando se siente la orfandad que tanto tiene para contar y se define como "Condición de huérfana"

Huérfana... sin padre, madre o ninguno de los dos, porque han fallecido o que carece de una cosa, cualidad o característica necesaria; en especial de algún tipo de protección o ayuda de la que debería gozar. Uffff! ¡¡¡Cuanta definición!!!

Y qué del sentimiento, de la emoción, ¿la experiencia y la vivencia de quienes lo experimentan... el que huérfano queda y quien al irse físicamente la orfandad provoca?

Hay que VIVIRlo para conocerlo y entender que es tan individual que resulta imposible explicar para que otro pueda entenderlo.

Depende de infinidad de variantes...el que se va de este plano en el paralelo queda, dándose cuenta de que olvidó cultivar de manera natural la comunicación sobrenatural que se activa inmediatamente, el espíritu entrega el cuerpo que le sirvió en su andar terrenal.

En ese mismo instante cuando mi orfandad se manifestó, la protección de Dios conmigo y en mí se combinó con la ayuda del ser quien en vida fuera la madre que me parió cuando sus alas de Dios recibió. Quien sienta la orfandad sabiéndose huérfano de madre olvida que estando vivos… una parte de ellas en sus hijos vive, que cuando nuestro corazón late el de ella vive... por lo que el día que la dejamos de ver la sentimos más cerca, pues se hace más consciente que más allá de la muerte, el amor de madre prevalece.

La vida me muestra que mientras más años pasan, más de ella encuentro en mí y más valor toma lo que de ella aprendí. La echo de menos si y más en mis momentos intensos... más extrañarla nunca pues, aunque físicamente se ausenta, en mi andar se hace presente para VIVIR en eterna complicidad.

Cita Libro Guía Personalizada (Biblia)

2 Cronicas 30:22
Doy gracias a Dios por mis antepasados...

132

Fecha hoy...

Mi espíritu es mayor que mi circunstancia...

Mi Reflexión...
_____
_____
_____
_____
_____

Dios conmigo y en mí SIEMPRE...

Mi Reflexión...
_____
_____
_____
_____
_____

NADA es en mi contra, TODO es a mi favor...

Mi Reflexión...
_____
_____
_____
_____
_____

Mi bienestar es innegociable...

Mi Reflexión...
_____
_____
_____
_____
_____

Hoy recibo para SER y VIVIR...

Mi Reflexión...
_____
_____
_____
_____
_____

Fecha hoy...

Mi espíritu es mayor que mi circunstancia...

Mi Reflexión...
_____
_____
_____
_____
_____

Dios conmigo y en mí SIEMPRE...

Mi Reflexión...
_____
_____
_____
_____
_____

NADA es en mi contra, TODO es a mi favor...

Mi Reflexión...
_____
_____
_____
_____
_____

Mi bienestar es innegociable...

Mi Reflexión...
_____
_____
_____
_____
_____

Hoy recibo para SER y VIVIR...

Mi Reflexión...
_____
_____
_____
_____
_____

Fecha hoy...

Mi espíritu es mayor que mi circunstancia...

Mi Reflexión...
_____
_____
_____
_____
_____

Dios conmigo y en mí SIEMPRE...

Mi Reflexión...
_____
_____
_____
_____
_____

NADA es en mi contra, TODO es a mi favor...

Mi Reflexión...
_____
_____
_____
_____
_____

Mi bienestar es innegociable...

Mi Reflexión...
_____
_____
_____
_____
_____

Hoy recibo para SER y VIVIR...

Mi Reflexión...
_____
_____
_____
_____
_____

Fecha hoy...

Mi espíritu es mayor que mi circunstancia...

Mi Reflexión...
_____
_____
_____
_____
_____

Dios conmigo y en mí SIEMPRE...

Mi Reflexión...
_____
_____
_____
_____
_____

NADA es en mi contra, TODO es a mi favor...

Mi Reflexión...
_____
_____
_____
_____
_____

Mi bienestar es innegociable...

Mi Reflexión...
_____
_____
_____
_____
_____

Hoy recibo para SER y VIVIR...

Mi Reflexión...
_____
_____
_____
_____
_____

Fecha hoy...

Mi espíritu es mayor que mi circunstancia...

Mi Reflexión...
_____
_____
_____
_____
_____

Dios conmigo y en mí SIEMPRE...

Mi Reflexión...
_____
_____
_____
_____
_____

NADA es en mi contra, TODO es a mi favor...

Mi Reflexión...
_____
_____
_____
_____
_____

Mi bienestar es innegociable...

Mi Reflexión...
_____
_____
_____
_____
_____

Hoy recibo para SER y VIVIR...

Mi Reflexión...
_____
_____
_____
_____
_____

Fecha hoy...

Mi espíritu es mayor que mi circunstancia...

Mi Reflexión...
_____
_____
_____
_____
_____

Dios conmigo y en mí SIEMPRE...

Mi Reflexión...
_____
_____
_____
_____
_____

NADA es en mi contra, TODO es a mi favor...

Mi Reflexión...
_____
_____
_____
_____
_____

Mi bienestar es innegociable...

Mi Reflexión...
_____
_____
_____
_____
_____

Hoy recibo para SER y VIVIR...

Mi Reflexión...
_____
_____
_____
_____
_____

Fecha hoy...

Palabra del Día...
Repasa...

Mi espíritu es mayor que mi circunstancia...

Mi Reflexión...
_____
_____
_____
_____
_____
_____

Dios conmigo y en mí SIEMPRE...

Mi Reflexión...
_____
_____
_____
_____
_____
_____

NADA es en mi contra, TODO es a mi favor...

Mi Reflexión...
_____
_____
_____
_____
_____
_____

Mi bienestar es innegociable...

Mi Reflexión...
_____
_____
_____
_____
_____
_____

Hoy recibo para SER y VIVIR...

Mi Reflexión...
_____
_____
_____
_____

VIVIR es más que estar vivo, es disfrutar de lo que tengo agradeciendo porque respiro, con la ilusión de lo mejor pues Dios es en y conmigo.

Repasando...aprendí el valor exponencial de un abrazo, que comunica lo que al decir escapa... que me disfruto más darlos que recibirlos más en doble vía es equilibrio.

Aprendí el que ser saludable es más que nunca indisponerse... es la capacidad del cuerpo a recuperarse, es pasar entre una pandemia y tener el privilegio de seguir haciendo solo con los ajustes necesarios.

Aprendí cuán importante es apoyar a que un ser se mantenga enfocado entre tanto desagrado..que solo estar, permanecer y perseverar mientras se manifiesta la nueva realidad, es tan necesario como indispensable para luego poder retomar y continuar.

Aprendi que mi mortal humanidad necesita los límites necesarios para reponer el desgaste de lo inevitable, que estar bien es un derecho que garantiza un mejor servicio.

Aprendí también que pasar por turbulencias definen el porVIVIR, cuanto podemos superar y cuanto confiar...

Recibo con ilusión lo nuevo... los fogueos, lo que me mantiene en actividad de reto en reto, aprendiendo hasta que ganamos aprendiendo y saber desde el SER, que con lo nuevo siempre llega lo bueno.

Cita Libro Guía Personalizada (Biblia)

Nehemías 5:19
Mi Dios se acuerda de lo que he hecho y me bendice...

Fecha hoy...

Mi espíritu es mayor que mi circunstancia...

Mi Reflexión...
_____
_____
_____
_____
_____

Dios conmigo y en mí SIEMPRE...

Mi Reflexión...
_____
_____
_____
_____
_____

NADA es en mi contra, TODO es a mi favor...

Mi Reflexión...
_____
_____
_____
_____
_____

Mi bienestar es innegociable...

Mi Reflexión...
_____
_____
_____
_____
_____

Hoy recibo para SER y VIVIR...

Mi Reflexión...
_____
_____
_____
_____
_____

Fecha hoy...

Mi espíritu es mayor que mi circunstancia...

Mi Reflexión...
_____
_____
_____
_____
_____

Dios conmigo y en mí SIEMPRE...

Mi Reflexión...
_____
_____
_____
_____
_____

NADA es en mi contra, TODO es a mi favor...

Mi Reflexión...
_____
_____
_____
_____
_____

Mi bienestar es innegociable...

Mi Reflexión...
_____
_____
_____
_____
_____

Hoy recibo para SER y VIVIR...

Mi Reflexión...
_____
_____
_____
_____
_____

Fecha hoy...

Mi espíritu es mayor que mi circunstancia...

Mi Reflexión...
_____
_____
_____
_____
_____

Dios conmigo y en mí SIEMPRE...

Mi Reflexión...
_____
_____
_____
_____
_____

NADA es en mi contra, TODO es a mi favor...

Mi Reflexión...
_____
_____
_____
_____
_____

Mi bienestar es innegociable...

Mi Reflexión...
_____
_____
_____
_____
_____

Hoy recibo para SER y VIVIR...

Mi Reflexión...
_____
_____
_____
_____
_____

Fecha hoy...

Mi espíritu es mayor que mi circunstancia...

Mi Reflexión...
_____
_____
_____
_____
_____

Dios conmigo y en mí SIEMPRE...

Mi Reflexión...
_____
_____
_____
_____
_____

NADA es en mi contra, TODO es a mi favor...

Mi Reflexión...
_____
_____
_____
_____
_____

Mi bienestar es innegociable...

Mi Reflexión...
_____
_____
_____
_____
_____

Hoy recibo para SER y VIVIR...

Mi Reflexión...
_____
_____
_____
_____
_____

Fecha hoy...

Mi espíritu es mayor que mi circunstancia...

Mi Reflexión...
_____
_____
_____
_____
_____

Dios conmigo y en mí SIEMPRE...

Mi Reflexión...
_____
_____
_____
_____
_____

NADA es en mi contra, TODO es a mi favor...

Mi Reflexión...
_____
_____
_____
_____
_____

Mi bienestar es innegociable...

Mi Reflexión...
_____
_____
_____
_____
_____

Hoy recibo para SER y VIVIR...

Mi Reflexión...
_____
_____
_____
_____
_____

Fecha hoy...

Mi espíritu es mayor que mi circunstancia...

Mi Reflexión...
_____
_____
_____
_____
_____

Dios conmigo y en mí SIEMPRE...

Mi Reflexión...
_____
_____
_____
_____
_____

NADA es en mi contra, TODO es a mi favor...

Mi Reflexión...
_____
_____
_____
_____
_____

Mi bienestar es innegociable...

Mi Reflexión...
_____
_____
_____
_____
_____

Hoy recibo para SER y VIVIR...

Mi Reflexión...
_____
_____
_____
_____
_____

Fecha hoy...

Palabra del Día...
Valida...

Mi espíritu es mayor que mi circunstancia...

Mi Reflexión...

_____
_____
_____
_____
_____
_____

Dios conmigo y en mí SIEMPRE...

Mi Reflexión...

_____
_____
_____
_____
_____
_____

NADA es en mi contra, TODO es a mi favor...

Mi Reflexión...

_____
_____
_____
_____
_____

Mi bienestar es innegociable...

Mi Reflexión...

_____
_____
_____
_____
_____

Hoy recibo para SER y VIVIR...

Mi Reflexión...

_____
_____
_____
_____
_____

El año ha sido un gran maestro, sin embargo, es más lo validado pues ha fortalecido mis creencias esenciales…

- Dios es en mí y conmigo
- Mi espíritu es más fuerte que lo que mi circunstancia
- NADA es en mi contra TODO es a mi favor
- Hago lo que me toca y Dios hace lo demás
- Todo tiene Propósito Mayor
- Dios es para todos y la espiritualidad es de cada cual
- Agradecer es garantizar el fluir de la provisión infinita de Dios
- Ganar es encontrar el aprendizaje en cada paso que se da
- Bien estar es reconocer el propósito del VIVIR desde la mortal humanidad y hacer las pases entre el SER y VIVIR.
- Cuando el espíritu crece la cartera florece

Y sobre todo ha garantizado que TODO lo vivido en este año y los que le precedieron nos preparan para el porVIVIR, que AGRADECER produce la Serenidad para fluir en el VIVIR, que TODO lo necesario está en el Mi y que el YO es editable siendo necesario para llegar donde estemos pues en la Voluntad de Dios estuvimos, estamos y estaremos mientras Propósito Mayor, Propio y Ajeno vivamos en años que hayan terminado o en los venideros.

Cita Libro Guía Personalizada (Biblia)

Isaías 66:2
Mi Dios me bendice por mi corazón humilde...

Fecha hoy...

Mi espíritu es mayor que mi circunstancia...

Mi Reflexión...
_____
_____
_____
_____
_____

Dios conmigo y en mí SIEMPRE...

Mi Reflexión...
_____
_____
_____
_____
_____

NADA es en mi contra, TODO es a mi favor...

Mi Reflexión...
_____
_____
_____
_____
_____

Mi bienestar es innegociable...

Mi Reflexión...
_____
_____
_____
_____
_____

Hoy recibo para SER y VIVIR...

Mi Reflexión...
_____
_____
_____
_____
_____

Fecha hoy...

Mi espíritu es mayor que mi circunstancia...

Mi Reflexión...
_____
_____
_____
_____
_____

Dios conmigo y en mí SIEMPRE...

Mi Reflexión...
_____
_____
_____
_____
_____

NADA es en mi contra, TODO es a mi favor...

Mi Reflexión...
_____
_____
_____
_____
_____

Mi bienestar es innegociable...

Mi Reflexión...
_____
_____
_____
_____
_____

Hoy recibo para SER y VIVIR...

Mi Reflexión...
_____
_____
_____
_____
_____

Fecha hoy...

Fecha hoy...

Mi espíritu es mayor que mi circunstancia...

Mi Reflexión...

_____
_____
_____
_____
_____

Dios conmigo y en mí SIEMPRE...

Mi Reflexión...

_____
_____
_____
_____
_____

NADA es en mi contra, TODO es a mi favor...

Mi Reflexión...

_____
_____
_____
_____
_____

Mi bienestar es innegociable...

Mi Reflexión...

_____
_____
_____
_____
_____

Hoy recibo para SER y VIVIR...

Mi Reflexión...

_____
_____
_____
_____
_____

Mi espíritu es mayor que mi circunstancia...

Mi Reflexión...

_____
_____
_____
_____
_____

Dios conmigo y en mí SIEMPRE...

Mi Reflexión...

_____
_____
_____
_____
_____

NADA es en mi contra, TODO es a mi favor...

Mi Reflexión...

_____
_____
_____
_____
_____

Mi bienestar es innegociable...

Mi Reflexión...

_____
_____
_____
_____
_____

Hoy recibo para SER y VIVIR...

Mi Reflexión...

_____
_____
_____
_____
_____

Fecha hoy...

Mi espíritu es mayor que mi circunstancia...

Mi Reflexión...
_____
_____
_____
_____
_____

Dios conmigo y en mí SIEMPRE...

Mi Reflexión...
_____
_____
_____
_____
_____

NADA es en mi contra, TODO es a mi favor...

Mi Reflexión...
_____
_____
_____
_____
_____

Mi bienestar es innegociable...

Mi Reflexión...
_____
_____
_____
_____
_____

Hoy recibo para SER y VIVIR...

Mi Reflexión...
_____
_____
_____
_____
_____

Fecha hoy...

Mi espíritu es mayor que mi circunstancia...

Mi Reflexión...
_____
_____
_____
_____
_____

Dios conmigo y en mí SIEMPRE...

Mi Reflexión...
_____
_____
_____
_____
_____

NADA es en mi contra, TODO es a mi favor...

Mi Reflexión...
_____
_____
_____
_____
_____

Mi bienestar es innegociable...

Mi Reflexión...
_____
_____
_____
_____
_____

Hoy recibo para SER y VIVIR...

Mi Reflexión...
_____
_____
_____
_____
_____

Fecha hoy...

Palabra del Día...
Disfruta...

Mi espíritu es mayor que mi circunstancia...

Mi Reflexión...

_____
_____
_____
_____
_____
_____

Dios conmigo y en mí SIEMPRE...

Mi Reflexión...

_____
_____
_____
_____
_____
_____

NADA es en mi contra, TODO es a mi favor...

Mi Reflexión...

_____
_____
_____
_____
_____
_____

Mi bienestar es innegociable...

Mi Reflexión...

_____
_____
_____
_____
_____
_____

Hoy recibo para SER y VIVIR...

Mi Reflexión...

_____
_____
_____
_____
_____
_____

Paciencia... virtud que se practica entre piezas y reactiva la prisa con que aprendi a juntar las piezas, escapándose el deleite de cada una encontrar por alcanzar la meta.

En este viaje entre piezas que me hace recordar mi infancia y como sin tregua, sin pausas y con urgencia montábamos en casa un rompecabezas... compitiendo con pequeños o colaborando con los inmensos, era una misión colectiva por que el tiempo fuera el menor posible y disfrutar la pieza completa.

Hoy lo disfruto igual, a mi manera... como he aprendido a VIVIR y superar los retos en ella. Con ilusión, estrategia, poco a poco y con paciencia que es para disfrutar cada pieza, cada parte y como nace... para en seguridad aprender y ganar lo que me regale la experiencia, como recordar mi infancia y validar mi evolución pieza a pieza, con el bienestar de saber que hay que disfrutar cada pieza para deleitarse al poner la última del viaje de la paciencia, sin dejar de respirar, enfocándome en el liberar prisas y urgencias.

Las experiencias enseñan y cada cual decide lo que aprende... los años nos ofrecen lo necesario para editar y disfrutar desde el primer paso, cada tiempo y cada momento, cada una de las pausas y pasos avanzando...

Cuando hemos evolucionado maduramos y reconocemos como fue, disfrutamos como es y nos ilusionamos con el cómo será, para atesorar vivencias en nuestras experiencias sin prisas, actuando con paciencia en el VIVIR entre piezas que juntas cuentan una aventura y solo los que las juntan las disfrutan una a una.

Cita Libro Guía Personalizada (Biblia)

Lucas 11:3
Dios me da cada día lo que necesito...

Fecha hoy...

Fecha hoy...

*Mi espíritu es mayor
que mi circunstancia...*

Mi Reflexión...

_____
_____
_____
_____
_____
_____

Dios conmigo y en mí SIEMPRE...

Mi Reflexión...

_____
_____
_____
_____
_____

*NADA es en mi contra,
TODO es a mi favor...*

Mi Reflexión...

_____
_____
_____
_____
_____

Mi bienestar es innegociable...

Mi Reflexión...

_____
_____
_____
_____
_____

Hoy recibo para SER y VIVIR...

Mi Reflexión...

_____
_____
_____
_____
_____

---

*Mi espíritu es mayor
que mi circunstancia...*

Mi Reflexión...

_____
_____
_____
_____
_____
_____

Dios conmigo y en mí SIEMPRE...

Mi Reflexión...

_____
_____
_____
_____
_____

*NADA es en mi contra,
TODO es a mi favor...*

Mi Reflexión...

_____
_____
_____
_____
_____

Mi bienestar es innegociable...

Mi Reflexión...

_____
_____
_____
_____
_____

Hoy recibo para SER y VIVIR...

Mi Reflexión...

_____
_____
_____
_____
_____

Fecha hoy...

Mi espíritu es mayor que mi circunstancia...

Mi Reflexión...
_____
_____
_____
_____
_____

Dios conmigo y en mí SIEMPRE...

Mi Reflexión...
_____
_____
_____
_____
_____

NADA es en mi contra, TODO es a mi favor...

Mi Reflexión...
_____
_____
_____
_____
_____

Mi bienestar es innegociable...

Mi Reflexión...
_____
_____
_____
_____
_____

Hoy recibo para SER y VIVIR...

Mi Reflexión...
_____
_____
_____
_____

Fecha hoy...

Mi espíritu es mayor que mi circunstancia...

Mi Reflexión...
_____
_____
_____
_____
_____

Dios conmigo y en mí SIEMPRE...

Mi Reflexión...
_____
_____
_____
_____
_____

NADA es en mi contra, TODO es a mi favor...

Mi Reflexión...
_____
_____
_____
_____
_____

Mi bienestar es innegociable...

Mi Reflexión...
_____
_____
_____
_____
_____

Hoy recibo para SER y VIVIR...

Mi Reflexión...
_____
_____
_____
_____

Fecha hoy...

Mi espíritu es mayor que mi circunstancia...

Mi Reflexión...
_____
_____
_____
_____
_____

Dios conmigo y en mí SIEMPRE...

Mi Reflexión...
_____
_____
_____
_____
_____

NADA es en mi contra, TODO es a mi favor...

Mi Reflexión...
_____
_____
_____
_____
_____

Mi bienestar es innegociable...

Mi Reflexión...
_____
_____
_____
_____
_____

Hoy recibo para SER y VIVIR...

Mi Reflexión...
_____
_____
_____
_____
_____

Fecha hoy...

Mi espíritu es mayor que mi circunstancia...

Mi Reflexión...
_____
_____
_____
_____
_____

Dios conmigo y en mí SIEMPRE...

Mi Reflexión...
_____
_____
_____
_____
_____

NADA es en mi contra, TODO es a mi favor...

Mi Reflexión...
_____
_____
_____
_____
_____

Mi bienestar es innegociable...

Mi Reflexión...
_____
_____
_____
_____
_____

Hoy recibo para SER y VIVIR...

Mi Reflexión...
_____
_____
_____
_____
_____

Fecha hoy...

Palabra del Día...
Organízate...

*Mi espíritu es mayor
que mi circunstancia...*

Mi Reflexión...

_____
_____
_____
_____
_____
_____

Dios conmigo y en mí SIEMPRE...

Mi Reflexión...

_____
_____
_____
_____
_____
_____

*NADA es en mí contra,
TODO es a mi favor...*

Mi Reflexión...

_____
_____
_____
_____
_____
_____

Mi bienestar es innegociable...

Mi Reflexión...

_____
_____
_____
_____
_____
_____

Hoy recibo para SER y VIVIR...

Mi Reflexión...

_____
_____
_____
_____
_____
_____

Quietud... medicina para el alma. Todos la necesitamos pocos la disfrutamos y solo algunos la atesoramos. En ella nos escuchamos y resuena Dios en y con nosotros. Cuando nada nos distrae de nosotros mismos, cuando el corazón marca el compás y cada órgano se hace escuchar... sabemos que vamos vivos y viviendo.

Estar vivos es que el cuerpo responda en el presente e ir viviendo es reconocer y agradecer que el espíritu habita el cuerpo para ir haciendo lo que toca en disfrute y seguridad, ganando bienestar más allá de las experiencias que guarden las vivencias que el alma necesita para evolucionar con el para qué vivirlas. El afán de hacer y tener, roban la oportunidad de sentir y ser...

En estos tiempos que nos ha tocado VIVIR, donde el tren de la vida cambió sus vías y nos sorprendió en una parada jamás pensada, lo importante tomó prioridad, lo indispensable se ha vuelto la meta colectiva donde han pretendido hacer conciencia... a través del temor por perder la vida cuando muchos, más allá de una pandemia la tenían comprometida, vacía o tan automática que estaba perdida en la cotidianidad de los días, en el desenfreno de llegar a algún lugar que otros marcaron un día como el éxito en la vida.

Aprovecha estos días, que nos enseñan que nuestro espíritu es más fuerte que la circunstancia (donde la mayoría entendida pretende que hagamos conforme a lo que ellos aprueban) para organizar el VIVIR desde lo que individualmente te resuena... integrando lo natural a lo sobrenatural desde un equilibrio efectivo en la nueva etapa del SER y el VIVIR a la que has llegado.

Cita Libro Guía Personalizada (Biblia)

*Eclesiastés 10:4
Sin renunciar supero los retos
por mi espíritu sereno...*

148

Fecha hoy...

Mi espíritu es mayor
que mi circunstancia...

Mi Reflexión...
_____
_____
_____
_____
_____

Dios conmigo y en mí SIEMPRE...

Mi Reflexión...
_____
_____
_____
_____
_____

NADA es en mi contra,
TODO es a mi favor...

Mi Reflexión...
_____
_____
_____
_____
_____

Mi bienestar es innegociable...

Mi Reflexión...
_____
_____
_____
_____
_____

Hoy recibo para SER y VIVIR...

Mi Reflexión...
_____
_____
_____
_____
_____

Fecha hoy...

Mi espíritu es mayor
que mi circunstancia...

Mi Reflexión...
_____
_____
_____
_____
_____

Dios conmigo y en mí SIEMPRE...

Mi Reflexión...
_____
_____
_____
_____
_____

NADA es en mi contra,
TODO es a mi favor...

Mi Reflexión...
_____
_____
_____
_____
_____

Mi bienestar es innegociable...

Mi Reflexión...
_____
_____
_____
_____
_____

Hoy recibo para SER y VIVIR...

Mi Reflexión...
_____
_____
_____
_____
_____

Fecha hoy...

Mi espíritu es mayor que mi circunstancia...

Mi Reflexión...
_____
_____
_____
_____
_____

Dios conmigo y en mí SIEMPRE...

Mi Reflexión...
_____
_____
_____
_____
_____

NADA es en mi contra, TODO es a mi favor...

Mi Reflexión...
_____
_____
_____
_____
_____

Mi bienestar es innegociable...

Mi Reflexión...
_____
_____
_____
_____
_____

Hoy recibo para SER y VIVIR...

Mi Reflexión...
_____
_____
_____
_____
_____

Fecha hoy...

Mi espíritu es mayor que mi circunstancia...

Mi Reflexión...
_____
_____
_____
_____
_____

Dios conmigo y en mí SIEMPRE...

Mi Reflexión...
_____
_____
_____
_____
_____

NADA es en mi contra, TODO es a mi favor...

Mi Reflexión...
_____
_____
_____
_____
_____

Mi bienestar es innegociable...

Mi Reflexión...
_____
_____
_____
_____
_____

Hoy recibo para SER y VIVIR...

Mi Reflexión...
_____
_____
_____
_____
_____

Fecha hoy...

Mi espíritu es mayor que mi circunstancia...

Mi Reflexión...
_____
_____
_____
_____
_____

Dios conmigo y en mí SIEMPRE...

Mi Reflexión...
_____
_____
_____
_____

NADA es en mi contra, TODO es a mi favor...

Mi Reflexión...
_____
_____
_____
_____

Mi bienestar es innegociable...

Mi Reflexión...
_____
_____
_____
_____

Hoy recibo para SER y VIVIR...

Mi Reflexión...
_____
_____
_____
_____
_____

Fecha hoy...

Mi espíritu es mayor que mi circunstancia...

Mi Reflexión...
_____
_____
_____
_____
_____

Dios conmigo y en mí SIEMPRE...

Mi Reflexión...
_____
_____
_____
_____

NADA es en mi contra, TODO es a mi favor...

Mi Reflexión...
_____
_____
_____
_____

Mi bienestar es innegociable...

Mi Reflexión...
_____
_____
_____
_____

Hoy recibo para SER y VIVIR...

Mi Reflexión...
_____
_____
_____
_____
_____

Fecha hoy...

Palabra del Día...
Decide...

*Mi espíritu es mayor
que mi circunstancia...*

―――――――――――――
―――――――――――――
―――――――――――――
―――――――――――――
―――――――――――――
―――――――――――――

Dios conmigo y en mí SIEMPRE...

―――――――――――――
―――――――――――――
―――――――――――――
―――――――――――――
―――――――――――――
―――――――――――――

*NADA es en mi contra,
TODO es a mi favor...*

―――――――――――――
―――――――――――――
―――――――――――――
―――――――――――――
―――――――――――――
―――――――――――――

Mi bienestar es innegociable...

―――――――――――――
―――――――――――――
―――――――――――――
―――――――――――――
―――――――――――――
―――――――――――――

Hoy recibo para SER y VIVIR...

―――――――――――――
―――――――――――――
―――――――――――――
―――――――――――――
―――――――――――――
―――――――――――――

¿Qué decisión importante (esa Gran Decisión) sigues posponiendo año tras año y produce un BASTA YA intolerantemente limitante, cada vez que se manifiesta la validación en una experiencia que provoca el ... "Si hubiese tomado la decisión de... sería todo mejor?"

¿Qué de lo que se experimenta me provoca tristeza, ansiedad y roba el disfrute hoy y cómo cambiaría desde la decisión, además de que puede reforzar mi voluntad para perseverar logrando el disfrute una vez cambie a favor lo que hoy se experimenta?

¿Cuál es el paso más simple para cambiar la decisión en acción y ver resultados agradables, que aporten al bienestar personal y resuenen en mi SER con propósito de SER y hacer, en los que se afectan y en los que se enteran?

¿Qué es tan desagradable es la decisión que me roba hasta el aprender o ganar si avanzo en ella y que emoción puede apoyarme a cruzar la acción aplicada, más allá del temor que me provoca salir de lo conocido a lo desconocido?…

Tómate un momentito de quietud y organiza esa Gran Decisión que va a cambiar tu mundo a favor... Compartiremos más sobre cambios favorables efectivos el año próximo con la ayuda de Dios.

A mis almas en custodia les recuerdo que TODO lo natural descansa en un opuesto exacto sobrenatural. VIVIR desde el espíritu y en mundos paralelos armonizados es el equilibrio de una vida mística, productiva y funcional en Dios y con Dios SIEMPRE…

Cita Libro Guía Personalizada (Biblia)

*1 Samuel 15:22
Escucha pues mi obediencia y mi
SuMisión son lo mejor...*

Fecha hoy...

*Mi espíritu es mayor
que mi circunstancia...*

Mi Reflexión...
_____
_____
_____
_____
_____

Dios conmigo y en mí SIEMPRE...

Mi Reflexión...
_____
_____
_____
_____
_____

*NADA es en mi contra,
TODO es a mi favor...*

Mi Reflexión...
_____
_____
_____
_____
_____

Mi bienestar es innegociable...

Mi Reflexión...
_____
_____
_____
_____
_____

Hoy recibo para SER y VIVIR...

Mi Reflexión...
_____
_____
_____
_____
_____

Fecha hoy...

*Mi espíritu es mayor
que mi circunstancia...*

Mi Reflexión...
_____
_____
_____
_____
_____

Dios conmigo y en mí SIEMPRE...

Mi Reflexión...
_____
_____
_____
_____
_____

*NADA es en mi contra,
TODO es a mi favor...*

Mi Reflexión...
_____
_____
_____
_____
_____

Mi bienestar es innegociable...

Mi Reflexión...
_____
_____
_____
_____
_____

Hoy recibo para SER y VIVIR...

Mi Reflexión...
_____
_____
_____
_____
_____

Fecha hoy...

Fecha hoy...

Mi espíritu es mayor
que mi circunstancia...

Mi Reflexión...

Dios conmigo y en mí SIEMPRE...

Mi Reflexión...

NADA es en mi contra,
TODO es a mi favor...

Mi Reflexión...

Mi bienestar es innegociable...

Mi Reflexión...

Hoy recibo para SER y VIVIR...

Mi Reflexión...

Mi espíritu es mayor
que mi circunstancia...

Mi Reflexión...

Dios conmigo y en mí SIEMPRE...

Mi Reflexión...

NADA es en mi contra,
TODO es a mi favor...

Mi Reflexión...

Mi bienestar es innegociable...

Mi Reflexión...

Hoy recibo para SER y VIVIR...

Mi Reflexión...

Fecha hoy...

Mi espíritu es mayor que mi circunstancia...

Mi Reflexión...
_____
_____
_____
_____
_____

Dios conmigo y en mí SIEMPRE...

Mi Reflexión...
_____
_____
_____
_____
_____

NADA es en mi contra, TODO es a mi favor...

Mi Reflexión...
_____
_____
_____
_____
_____

Mi bienestar es innegociable...

Mi Reflexión...
_____
_____
_____
_____
_____

Hoy recibo para SER y VIVIR...

Mi Reflexión...
_____
_____
_____
_____
_____

Fecha hoy...

Mi espíritu es mayor que mi circunstancia...

Mi Reflexión...
_____
_____
_____
_____
_____

Dios conmigo y en mí SIEMPRE...

Mi Reflexión...
_____
_____
_____
_____
_____

NADA es en mi contra, TODO es a mi favor...

Mi Reflexión...
_____
_____
_____
_____
_____

Mi bienestar es innegociable...

Mi Reflexión...
_____
_____
_____
_____
_____

Hoy recibo para SER y VIVIR...

Mi Reflexión...
_____
_____
_____
_____
_____

Fecha hoy...

Palabra del Día... Integra...

Mi espíritu es mayor que mi circunstancia...

Mi Reflexión...
_____
_____
_____
_____
_____

Dios conmigo y en mí SIEMPRE...

Mi Reflexión...
_____
_____
_____
_____
_____

NADA es en mi contra, TODO es a mi favor...

Mi Reflexión...
_____
_____
_____
_____
_____

Mi bienestar es innegociable...

Mi Reflexión...
_____
_____
_____
_____
_____

Hoy recibo para SER y VIVIR...

Mi Reflexión...
_____
_____
_____
_____
_____

Los que ofrecemos un servicio esencial, olvidamos TODO lo que al mundo puede parecerle incomprensible para priorizar la necesidad de asistencia de los que se pueda apoyar a un mejor esta...

Una vez escuché que quien vive para servir... sirve para VIVIR. Hoy, que llevo muchos años resonando en el VIVIR, reconozco que otros han renunciado a SER decidiendo solo existir. Existir es natural... VIVIR, opcional. VIVIR... estar vivo. Esto son palabras mayores.

VIVIR es lo esencial para los que integran el alma en el existir y sirven para algo más que lo evidente, manejable, estructurado y natural. Es VISION... para ir más allá de lo que se ve, de lo que piden o crean y servir de puente de confianza entre lo natural y lo sobrenatural.

ILUMINACION... por Guía Divina para encontrar lo necesario, sin exceder lo que pueda obstaculizar el Plan Superior.

VOLUNTAD ... para permanecer y persistir en la justa medida haciendo lo que toca y entregar lo demás.

INSPIRACION... para más allá del resultado natural del servicio, el reconocimiento o la ingratitud... el alma renueve su compromiso de servir y ver ganancia siempre.

RESULTADOS... que llenen el alma en disfrute, seguridad, ganancia y bienestar de todos los seres que toque servir más allá de los deseos y planes que llenen su existir.

Para SERvir es indispensable SER... SER es VIVIR y el servir es la razón para estar aquí.

Mientras Propósito Mayor Dios tenga y en el VIVIR sirvamos para ello...la garantía de satisfacción es plena más allá lo reconozcan, lo entiendan o lo agradezcan.

Cita Libro Guía Personalizada (Biblia)

Genesis 39:23
Dios está conmigo y prospera todo lo que hago...

Fecha hoy...

Mi espíritu es mayor que mi circunstancia...

Mi Reflexión...
_____
_____
_____
_____
_____
_____

Dios conmigo y en mí SIEMPRE...

Mi Reflexión...
_____
_____
_____
_____
_____
_____

NADA es en mi contra, TODO es a mi favor...

Mi Reflexión...
_____
_____
_____
_____
_____
_____

Mi bienestar es innegociable...

Mi Reflexión...
_____
_____
_____
_____
_____
_____

Hoy recibo para SER y VIVIR...

Mi Reflexión...
_____
_____
_____
_____
_____
_____

Fecha hoy...

Mi espíritu es mayor que mi circunstancia...

Mi Reflexión...

Dios conmigo y en mí SIEMPRE...

Mi Reflexión...

NADA es en mi contra, TODO es a mi favor...

Mi Reflexión...

Mi bienestar es innegociable...

Mi Reflexión...

Hoy recibo para SER y VIVIR...

Mi Reflexión...

Fecha hoy...

Mi espíritu es mayor que mi circunstancia...

Mi Reflexión...
_____
_____
_____
_____
_____

Dios conmigo y en mí SIEMPRE...

Mi Reflexión...
_____
_____
_____
_____
_____

NADA es en mi contra, TODO es a mi favor...

Mi Reflexión...
_____
_____
_____
_____
_____

Mi bienestar es innegociable...

Mi Reflexión...
_____
_____
_____
_____
_____

Hoy recibo para SER y VIVIR...

Mi Reflexión...
_____
_____
_____
_____
_____

Fecha hoy...

Mi espíritu es mayor que mi circunstancia...

Mi Reflexión...
_____
_____
_____
_____
_____

Dios conmigo y en mí SIEMPRE...

Mi Reflexión...
_____
_____
_____
_____
_____

NADA es en mi contra, TODO es a mi favor...

Mi Reflexión...
_____
_____
_____
_____
_____

Mi bienestar es innegociable...

Mi Reflexión...
_____
_____
_____
_____
_____

Hoy recibo para SER y VIVIR...

Mi Reflexión...
_____
_____
_____
_____
_____

Fecha hoy...

Mi espíritu es mayor que mi circunstancia...

Mi Reflexión...
_____
_____
_____
_____
_____

Dios conmigo y en mí SIEMPRE...

Mi Reflexión...
_____
_____
_____
_____
_____

NADA es en mi contra, TODO es a mi favor...

Mi Reflexión...
_____
_____
_____
_____
_____

Mi bienestar es innegociable...

Mi Reflexión...
_____
_____
_____
_____

Hoy recibo para SER y VIVIR...

Mi Reflexión...
_____
_____
_____
_____

Fecha hoy...

Mi espíritu es mayor que mi circunstancia...

Mi Reflexión...
_____
_____
_____
_____
_____

Dios conmigo y en mí SIEMPRE...

Mi Reflexión...
_____
_____
_____
_____
_____

NADA es en mi contra, TODO es a mi favor...

Mi Reflexión...
_____
_____
_____
_____
_____

Mi bienestar es innegociable...

Mi Reflexión...
_____
_____
_____
_____

Hoy recibo para SER y VIVIR...

Mi Reflexión...
_____
_____
_____
_____

Fecha hoy...

Mi espíritu es mayor que mi circunstancia...

_____

Dios conmigo y en mí SIEMPRE...

_____

NADA es en mi contra, TODO es a mi favor...

_____

Mi bienestar es innegociable...

_____

Hoy recibo para SER y VIVIR...

_____

Palabra del Día... Aprovecha...

Una Gran Lección de Vida representa un reto mayor que en la mayoria de las oportunidades provoca quien nos sacude el SER quebrantando la paz, inquietando la razón, entristeciendo hasta el agobio, cultivando la inseguridad, ocultando la ganancia y comprometiendo el bienestar cuando la costumbre ordinaria de la cotidianidad compromete lo que al SER ilumina por merecimiento.

Las Grandes Lecciones en el VIVIR se repiten hasta que te das por aprendido y editas lo necesario para asumir los retos que te hace evolucionar y otros son testigo de haber trascendido... Muchas veces una opinión que saca de la zona conocida es lo que se necesita para avanzar. AGRADECE y Pa'lante que, si demoras en dar el paso, garantizado que Dios te moverá el piso.

Aprovechemos un Pa'Lante para: Organizar las ideas, Comunicar lo necesario, Madurar lo indispensable, Liberar temores, Hacer las paces con lo que nos hace mortales, Entregar ideas del yo y abrir la puerta a las del mí... y cambiar favorablemente TODO lo innecesario.

Recibimos Guía Divina desde el conocimiento natural al encuentro de la manifestación profética de lo sobrenatural.

Haciendo una pausa para organizar el VIVIR desde el yo hasta el mí y que lo conocido abra el espacio para lo desconocido es VIVIR integralmente a plenitud.

Tomar un momento y escribir lo que llene el SER, vaciar el alma de lo pesado para el tránsito en el VIVIR e iluminarse las ilusiones del porVIVIR... es lo sugerido y que el brillo de la Iluminacion Divina sea el reflejo en donde el prójimo encuentre su Ilusión para SER v VIVIR... AGRADECIENDO.

Cita Libro Guía Personalizada (Biblia)

Hechos 2:28
Mi Dios me llena de alegría y me muestra el camino...

Fecha hoy...

Fecha hoy...

Mi espíritu es mayor que mi circunstancia...

Mi Reflexión...
_____
_____
_____
_____
_____

Dios conmigo y en mí SIEMPRE...

Mi Reflexión...
_____
_____
_____
_____
_____

NADA es en mi contra, TODO es a mi favor...

Mi Reflexión...
_____
_____
_____
_____
_____

Mi bienestar es innegociable...

Mi Reflexión...
_____
_____
_____
_____
_____

Hoy recibo para SER y VIVIR...

Mi Reflexión...
_____
_____
_____
_____
_____

Mi espíritu es mayor que mi circunstancia...

Mi Reflexión...
_____
_____
_____
_____
_____

Dios conmigo y en mí SIEMPRE...

Mi Reflexión...
_____
_____
_____
_____
_____

NADA es en mi contra, TODO es a mi favor...

Mi Reflexión...
_____
_____
_____
_____
_____

Mi bienestar es innegociable...

Mi Reflexión...
_____
_____
_____
_____
_____

Hoy recibo para SER y VIVIR...

Mi Reflexión...
_____
_____
_____
_____
_____

Fecha hoy...

Mi espíritu es mayor
que mi circunstancia...

Mi Reflexión...
_____
_____
_____
_____
_____

Dios conmigo y en mí SIEMPRE...

Mi Reflexión...
_____
_____
_____
_____
_____

NADA es en mi contra,
TODO es a mi favor...

Mi Reflexión...
_____
_____
_____
_____

Mi bienestar es innegociable...

Mi Reflexión...
_____
_____
_____
_____
_____

Hoy recibo para SER y VIVIR...

Mi Reflexión...
_____
_____
_____
_____

Fecha hoy...

Mi espíritu es mayor
que mi circunstancia...

Mi Reflexión...
_____
_____
_____
_____
_____

Dios conmigo y en mí SIEMPRE...

Mi Reflexión...
_____
_____
_____
_____
_____

NADA es en mi contra,
TODO es a mi favor...

Mi Reflexión...
_____
_____
_____
_____

Mi bienestar es innegociable...

Mi Reflexión...
_____
_____
_____
_____
_____

Hoy recibo para SER y VIVIR...

Mi Reflexión...
_____
_____
_____
_____

Mi espíritu es mayor
que mi circunstancia...

Mi Reflexión...
_____
_____
_____
_____
_____

Dios conmigo y en mí SIEMPRE...

Mi Reflexión...
_____
_____
_____
_____
_____

NADA es en mi contra,
TODO es a mi favor...

Mi Reflexión...
_____
_____
_____
_____
_____

Mi bienestar es innegociable...

Mi Reflexión...
_____
_____
_____
_____
_____

Hoy recibo para SER y VIVIR...

Mi Reflexión...
_____
_____
_____
_____
_____

Mi espíritu es mayor
que mi circunstancia...

Mi Reflexión...
_____
_____
_____
_____
_____

Dios conmigo y en mí SIEMPRE...

Mi Reflexión...
_____
_____
_____
_____
_____

NADA es en mi contra,
TODO es a mi favor...

Mi Reflexión...
_____
_____
_____
_____
_____

Mi bienestar es innegociable...

Mi Reflexión...
_____
_____
_____
_____
_____

Hoy recibo para SER y VIVIR...

Mi Reflexión...
_____
_____
_____
_____
_____

Fecha hoy...

Palabra del Día...
Prioriza...

Mi espíritu es mayor que mi circunstancia...

Mi Reflexión...
_____
_____
_____
_____
_____
_____
_____

Dios conmigo y en mí SIEMPRE...

Mi Reflexión...
_____
_____
_____
_____
_____

NADA es en mi contra, TODO es a mi favor...

Mi Reflexión...
_____
_____
_____
_____
_____

Mi bienestar es innegociable...

Mi Reflexión...
_____
_____
_____
_____
_____

Hoy recibo para SER y VIVIR...

Mi Reflexión...
_____
_____
_____
_____
_____

Si saber, conocer y entender te limita en tu relación con Dios y la mistica en el VIVIR... es esencial, priorizar y organizar para armonizar el existir. ¿Si escoger y decidir tuvieras, cual de ambas fuera? ¿Cuándo dejes de estar en el mundo material y al Origen necesites regresar... qué te sirve más?

Lo que aquí puede ser tu meta natural es indispensable alinearla con lo esencial en lo sobrenatural... NADA vacío de propósito mayor es trascendental. Lo que insistes en tener, sin lograrlo alcanzar, es innecesario para lo que te toca esencialmente hacer. Reto que superas, más allá de tu capacidad, que te sorprende al lo vivido revisar... es esencial en el mundo sobrenatural, volviéndose una gran lección de vida para los demás y para quien lo viva , los méritos necesarios para graduarse con honores de la vida. Así funcionas en lo sobrenatural.

Hay etapas para cada vivencia que si se retrasan por prioridades vacías de lo esencial, van alimentando la urgencia del alma en un vacío existencial mientras más cerca esté la fecha de la salida del mundo natural en esta vida...

Enfocar en cada etapa de vida, armonizando lo natural con lo sobrenatural, reconociendo un Poder Superior con un Plan y Propósito Mayor, hacer solo lo que toca, dejando a cada cual lo que le corresponda incluyendo a Dios... hace que el VIVIR fluya mejor.

Entonces la serenidad será el ritmo del transitar, el gozo superará la alegría y la plenitud nos inundará cada día desde el alma lo que corresponda alcanzar, sabiendo que en el espíritu se vive primero y viviendo, sin saber o sabiendo, el VIVIR es un éxito perfecto. El Plan de Dios es así... sobrenaturalmente PERFECTO.

Confiar es el secreto, hacer solo lo que toca a cada cual es la receta para lo mejor alcanzar... Lo que Dios quiere de ti es parte de Su Plan con Propósito Mayor más allá de lo que vayas escogiendo. Dios sabe.. nosotros sabremos.

Cita Libro Guía Personalizada (Biblia)

Marcos 12:29-33
Amo a Dios por sobretodo y como mi amor propio amo a mi prójimo...

Fecha hoy...

Mi espíritu es mayor que mi circunstancia...

Mi Reflexión...
_____
_____
_____
_____
_____

Dios conmigo y en mí SIEMPRE...

Mi Reflexión...
_____
_____
_____
_____
_____

NADA es en mi contra, TODO es a mi favor...

Mi Reflexión...
_____
_____
_____
_____
_____

Mi bienestar es innegociable...

Mi Reflexión...
_____
_____
_____
_____
_____

Hoy recibo para SER y VIVIR...

Mi Reflexión...
_____
_____
_____
_____
_____

Fecha hoy...

Mi espíritu es mayor que mi circunstancia...

Mi Reflexión...
_____
_____
_____
_____
_____

Dios conmigo y en mí SIEMPRE...

Mi Reflexión...
_____
_____
_____
_____
_____

NADA es en mi contra, TODO es a mi favor...

Mi Reflexión...
_____
_____
_____
_____
_____

Mi bienestar es innegociable...

Mi Reflexión...
_____
_____
_____
_____
_____

Hoy recibo para SER y VIVIR...

Mi Reflexión...
_____
_____
_____
_____
_____

Fecha hoy...

Mi espíritu es mayor
que mi circunstancia...

Mi Reflexión...
_____
_____
_____
_____
_____

Dios conmigo y en mí SIEMPRE...

Mi Reflexión...
_____
_____
_____
_____
_____

NADA es en mi contra,
TODO es a mi favor...

Mi Reflexión...
_____
_____
_____
_____
_____

Mi bienestar es innegociable...

Mi Reflexión...
_____
_____
_____
_____
_____

Hoy recibo para SER y VIVIR...

Mi Reflexión...
_____
_____
_____
_____
_____

Fecha hoy...

Mi espíritu es mayor
que mi circunstancia...

Mi Reflexión...
_____
_____
_____
_____
_____

Dios conmigo y en mí SIEMPRE...

Mi Reflexión...
_____
_____
_____
_____
_____

NADA es en mi contra,
TODO es a mi favor...

Mi Reflexión...
_____
_____
_____
_____
_____

Mi bienestar es innegociable...

Mi Reflexión...
_____
_____
_____
_____
_____

Hoy recibo para SER y VIVIR...

Mi Reflexión...
_____
_____
_____
_____
_____

Fecha hoy...

Mi espíritu es mayor que mi circunstancia...

Mi Reflexión...
_____
_____
_____
_____
_____
_____

Dios conmigo y en mí SIEMPRE...

Mi Reflexión...
_____
_____
_____
_____
_____
_____

NADA es en mi contra, TODO es a mi favor...

Mi Reflexión...
_____
_____
_____
_____
_____
_____

Mi bienestar es innegociable...

Mi Reflexión...
_____
_____
_____
_____
_____

Hoy recibo para SER y VIVIR...

Mi Reflexión...
_____
_____
_____
_____
_____

Fecha hoy...

Mi espíritu es mayor que mi circunstancia...

Mi Reflexión...
_____
_____
_____
_____
_____
_____

Dios conmigo y en mí SIEMPRE...

Mi Reflexión...
_____
_____
_____
_____
_____
_____

NADA es en mi contra, TODO es a mi favor...

Mi Reflexión...
_____
_____
_____
_____
_____
_____

Mi bienestar es innegociable...

Mi Reflexión...
_____
_____
_____
_____
_____

Hoy recibo para SER y VIVIR...

Mi Reflexión...
_____
_____
_____
_____
_____

Fecha hoy...

Palabra del Día...
Equilibra...

Mi espíritu es mayor que mi circunstancia...

_____
_____
_____
_____
_____
_____
_____

Dios conmigo y en mí SIEMPRE...

_____
_____
_____
_____
_____

NADA es en mi contra, TODO es a mi favor...

_____
_____
_____
_____
_____

Mi bienestar es innegociable...

_____
_____
_____
_____
_____

Hoy recibo para SER y VIVIR...

_____
_____
_____
_____
_____

Todo lo que se vive, agradable o desagradable, necesita ser organizado en el SER para superarlo o disfrutarlo en totalidad. Lo que pendiente quede, cíclicamente se repite aumentando en intensidad, hasta que la experiencia se convierte en vivencia transformando lo necesario para cumplir la evolución.

VIVIR es el equilibrio perfecto natural manejado. Todo lo intenso tiene una parte sutil y viceversa... nada es malo, TODO es bueno.

Qué hacemos y cómo lo manejamos puede perpetuar el dolor hasta llegar al sufrimiento por apegos o estancamientos. La tristeza se convierte en depresión cuando quien la manifiesta, construye su espacio de protección e indefinida hace su estancia. Solo reconociendo la ganancia del para qué se pasa del estancamiento natural y necesario para superar lo que provoque.

Tanto para lo favorable , como para lo desfavorable la transición reflexiva es indispensable.

NADA es eterno... se quiera o se rechace, avanza. Tú decides como lo vives. El mientras tanto puede socavar el pozo donde se alimenta el vacío existencial o construir la plataforma de seguridad para los nuevos retos asumir y superar. Recordando que lo que dices vives... solo con escuchar se sabe lo que a un ser aprisiona y levanta los barrotes de su celda. Únicamente desde afuera se puede apoyar a destruirlos quien lo haya vivido pues ha evolucionado o su VIVIR inspire a otros con su existir pues es testimonio de haberlos evitado. Quien diga lo que se quiere escuchar, quien lo que vive es opuesto a lo que dice y quien con su VIVIR es reflejo opuesto de lo que sugiere... es mejor que se revise antes de intervenir.

Cita Libro Guía Personalizada (Biblia)

Filipenses 4:7
La paz de Mi Dios supera todo lo que puedo entender...

Fecha hoy...

Fecha hoy...

Mi espíritu es mayor que mi circunstancia...

Mi Reflexión...
_____
_____
_____
_____
_____

Dios conmigo y en mí SIEMPRE...

Mi Reflexión...
_____
_____
_____
_____
_____

NADA es en mi contra, TODO es a mi favor...

Mi Reflexión...
_____
_____
_____
_____
_____

Mi bienestar es innegociable...

Mi Reflexión...
_____
_____
_____
_____
_____

Hoy recibo para SER y VIVIR...

Mi Reflexión...
_____
_____
_____
_____
_____

Mi espíritu es mayor que mi circunstancia...

Mi Reflexión...
_____
_____
_____
_____
_____

Dios conmigo y en mí SIEMPRE...

Mi Reflexión...
_____
_____
_____
_____
_____

NADA es en mi contra, TODO es a mi favor...

Mi Reflexión...
_____
_____
_____
_____
_____

Mi bienestar es innegociable...

Mi Reflexión...
_____
_____
_____
_____
_____

Hoy recibo para SER y VIVIR...

Mi Reflexión...
_____
_____
_____
_____
_____

Fecha hoy...

Mi espíritu es mayor que mi circunstancia...

Mi Reflexión...
_____
_____
_____
_____
_____

Dios conmigo y en mí SIEMPRE...

Mi Reflexión...
_____
_____
_____
_____
_____

NADA es en mi contra, TODO es a mi favor...

Mi Reflexión...
_____
_____
_____
_____
_____

Mi bienestar es innegociable...

Mi Reflexión...
_____
_____
_____
_____
_____

Hoy recibo para SER y VIVIR...

Mi Reflexión...
_____
_____
_____
_____
_____

Fecha hoy...

Mi espíritu es mayor que mi circunstancia...

Mi Reflexión...
_____
_____
_____
_____
_____

Dios conmigo y en mí SIEMPRE...

Mi Reflexión...
_____
_____
_____
_____
_____

NADA es en mi contra, TODO es a mi favor...

Mi Reflexión...
_____
_____
_____
_____
_____

Mi bienestar es innegociable...

Mi Reflexión...
_____
_____
_____
_____
_____

Hoy recibo para SER y VIVIR...

Mi Reflexión...
_____
_____
_____
_____
_____

Fecha hoy...

Mi espíritu es mayor
que mi circunstancia...

Mi Reflexión...
_____
_____
_____
_____
_____

Dios conmigo y en mí SIEMPRE...

Mi Reflexión...
_____
_____
_____
_____
_____

NADA es en mi contra,
TODO es a mi favor...

Mi Reflexión...
_____
_____
_____
_____
_____

Mi bienestar es innegociable...

Mi Reflexión...
_____
_____
_____
_____
_____

Hoy recibo para SER y VIVIR...

Mi Reflexión...
_____
_____
_____
_____
_____

Fecha hoy...

Mi espíritu es mayor
que mi circunstancia...

Mi Reflexión...
_____
_____
_____
_____
_____

Dios conmigo y en mí SIEMPRE...

Mi Reflexión...
_____
_____
_____
_____
_____

NADA es en mi contra,
TODO es a mi favor...

Mi Reflexión...
_____
_____
_____
_____
_____

Mi bienestar es innegociable...

Mi Reflexión...
_____
_____
_____
_____
_____

Hoy recibo para SER y VIVIR...

Mi Reflexión...
_____
_____
_____
_____
_____

Fecha hoy...

Palabra del Día...
Evoluciona...

*Mi espíritu es mayor
que mi circunstancia...*

Mi Reflexión...

_____
_____
_____
_____
_____
_____

Dios conmigo y en mí SIEMPRE...

Mi Reflexión...

_____
_____
_____
_____
_____
_____

*NADA es en mí contra,
TODO es a mi favor...*

Mi Reflexión...

_____
_____
_____
_____
_____
_____

Mi bienestar es innegociable...

Mi Reflexión...

_____
_____
_____
_____
_____
_____

Hoy recibo para SER y VIVIR...

Mi Reflexión...

_____
_____
_____
_____
_____
_____

Los que van con más años van más despacio, pues las vivencias han demostrado que la vida desgasta y cuando más la valoras… se acaba. La edad es lo de menos cuando VIVIR es lo más importante para alcanzar un sueño, aunque tardes muchos años en lograrlo y cumplir el propósito en ello, para beneficio propio y el de todos los involucrados...

Leer que el deseo de una joven es que se extingan los viejos (tal vez sean pocos, pero, en estos casos, uno es demasiado) me hace recordar que pocos he visto cerca pues la muerte me los robó a destiempo. El pensar en el temor de perderlos de los que con amor cuidan los de ellos, en los que van llegando y se sienten tristes o angustiados por ser desplazados, en los que temen llegar por la incertidumbre si podrán continuar sin las fuerzas físicas, con la mente llena de recuerdos y un espíritu inquebrantable dispuestos a continuar... pensarlo hace dudar, más VIVIR es evolucionar y avanzar con la responsabilidad de continuar.

Mientras más rápido en la juventud vas... la vejez más pesará si en el andar tienes el privilegio de llegar. La meta es una vejez productiva y funcional en disfrute, seguridad, ganancia y bienestar. Para allá todos vamos y la juventud va diseñando lo necesario en el tránsito y las paradas para lograrlo.

Si tienes menos de 30 años recuerda que vas rumbo a los 40 y cuando llegues a los 50 el deseo será pasar de los 80. Cada edad tiene su encanto y es un privilegio coleccionar años. A quien tanto rechazo y agresividad en la juventud destila ante los que al frente viajan por la vida, cuando vea que se escapa la oportunidad de la vejez vivirla…recuerda lo que postulaste un día.

Mis creencias me garantizan que llegarás... y tal como hiciste te harán pues nadie se va sin VIVIR lo que pudo en otros provocar.

Cita Libro Guía Personalizada (Biblia)

*Gálatas 5:16
Sin impulsos solo me dejo llevar
por el Espíritu de Dios...*

Fecha hoy...

Mi espíritu es mayor que mi circunstancia...

Mi Reflexión...
_____
_____
_____
_____
_____

Dios conmigo y en mí SIEMPRE...

Mi Reflexión...
_____
_____
_____
_____
_____

NADA es en mi contra, TODO es a mi favor...

Mi Reflexión...
_____
_____
_____
_____
_____

Mi bienestar es innegociable...

Mi Reflexión...
_____
_____
_____
_____
_____

Hoy recibo para SER y VIVIR...

Mi Reflexión...
_____
_____
_____
_____
_____

Fecha hoy...

Mi espíritu es mayor que mi circunstancia...

Mi Reflexión...
_____
_____
_____
_____
_____

Dios conmigo y en mí SIEMPRE...

Mi Reflexión...
_____
_____
_____
_____
_____

NADA es en mi contra, TODO es a mi favor...

Mi Reflexión...
_____
_____
_____
_____
_____

Mi bienestar es innegociable...

Mi Reflexión...
_____
_____
_____
_____
_____

Hoy recibo para SER y VIVIR...

Mi Reflexión...
_____
_____
_____
_____
_____

Fecha hoy...

*Mi espíritu es mayor
que mi circunstancia...*

Mi Reflexión...
_____
_____
_____
_____
_____

Dios conmigo y en mí SIEMPRE...

Mi Reflexión...
_____
_____
_____
_____

*NADA es en mi contra,
TODO es a mi favor...*

Mi Reflexión...
_____
_____
_____
_____

Mi bienestar es innegociable...

Mi Reflexión...
_____
_____
_____
_____

Hoy recibo para SER y VIVIR...

Mi Reflexión...
_____
_____
_____
_____

Fecha hoy...

*Mi espíritu es mayor
que mi circunstancia...*

Mi Reflexión...
_____
_____
_____
_____
_____

Dios conmigo y en mí SIEMPRE...

Mi Reflexión...
_____
_____
_____
_____

*NADA es en mi contra,
TODO es a mi favor...*

Mi Reflexión...
_____
_____
_____
_____

Mi bienestar es innegociable...

Mi Reflexión...
_____
_____
_____
_____

Hoy recibo para SER y VIVIR...

Mi Reflexión...
_____
_____
_____
_____

Fecha hoy...

Mi espíritu es mayor que mi circunstancia...

Mi Reflexión...
_____
_____
_____
_____
_____

Dios conmigo y en mí SIEMPRE...

Mi Reflexión...
_____
_____
_____
_____
_____

NADA es en mi contra, TODO es a mi favor...

Mi Reflexión...
_____
_____
_____
_____
_____

Mi bienestar es innegociable...

Mi Reflexión...
_____
_____
_____
_____
_____

Hoy recibo para SER y VIVIR...

Mi Reflexión...
_____
_____
_____
_____
_____

Fecha hoy...

Mi espíritu es mayor que mi circunstancia...

Mi Reflexión...
_____
_____
_____
_____
_____

Dios conmigo y en mí SIEMPRE...

Mi Reflexión...
_____
_____
_____
_____
_____

NADA es en mi contra, TODO es a mi favor...

Mi Reflexión...
_____
_____
_____
_____
_____

Mi bienestar es innegociable...

Mi Reflexión...
_____
_____
_____
_____
_____

Hoy recibo para SER y VIVIR...

Mi Reflexión...
_____
_____
_____
_____
_____

Fecha hoy...

Palabra del Día... Refleja...

Mi espíritu es mayor que mi circunstancia...

Mi Reflexión...

_____
_____
_____
_____
_____
_____

Dios conmigo y en mí SIEMPRE...

Mi Reflexión...

_____
_____
_____
_____
_____

NADA es en mi contra, TODO es a mi favor...

Mi Reflexión...

_____
_____
_____
_____

Mi bienestar es innegociable...

Mi Reflexión...

_____
_____
_____
_____

Hoy recibo para SER y VIVIR...

Mi Reflexión...

_____
_____
_____
_____

Una pausa reflexiva antes del porVIVIR... un momento para preparar el pensamiento y afinar el razonamiento dándole permiso al cuerpo, a experimentar lo que la vivencia para el alma cuenta, sin que sean adversas las consecuencias....

Tu conocimiento refuerza tu defensa ante postulados distintos y tu peritaje los valida sustentando tu seguridad al actuar. En el receptor está el código que se activa para compartir o rechazar lo que por fe resonara. Lo que se siente activa el inconsciente, el consciente se activa por lo que ve y escuche. La armonía entre ambos garantiza el bienestar en ganancia, seguridad y disfrute dependiendo de cada cual.

Convencer es conseguir con razones y argumentos que una persona actúe o piense de un modo determinado... Hay que añadir acciones y consecuencias, efectos y sentimientos, valores y fundamentos, emociones y sensaciones, lo natural y lo sobrenatural para que lo mínimo o nada se escape, resultando en el bienestar de todos los involucrados. La vida y sus ciclos nos garantiza que los cambios son inevitables, que permanecer sin ellos es imposible... sin embargo hay prioridades innegociables que garantizan lo esencial y muchas veces se entregan sin medir consecuencias. Como se llega a los resultados garantiza como se vive con ellos, lo que se entrega se reclama si lo esencial se perdiera...

Quien te convence con sus argumentos controla tus pensamientos olvidando que un día encontrarás los que te resuenan, pues lo que es esencial inevitablemente un día se manifiesta y los años organizarán todas tus respuestas a las inquietudes que hoy permiten que otros te convenzan. Las emociones mandan y en etapas en la vida se manifiestan. Lo que las mueva, moverán lo que piensas, lo que hagas y lo que te deleita. Mientras en serenidad sean, ganancia garantizan y NUNCA es porque te convenzan... es porque con tu SER resuenan.

Cita Libro Guía Personalizada (Biblia)

Job 22:26
Me deleito en el Todopoderoso
y levanto mi mirada a Dios...

Fecha hoy...

Mi espíritu es mayor que mi circunstancia...

Mi Reflexión...
_____
_____
_____
_____
_____
_____

Dios conmigo y en mí SIEMPRE...

Mi Reflexión...
_____
_____
_____
_____
_____
_____

NADA es en mi contra, TODO es a mi favor...

Mi Reflexión...
_____
_____
_____
_____
_____
_____

Mi bienestar es innegociable...

Mi Reflexión...
_____
_____
_____
_____
_____
_____

Hoy recibo para SER y VIVIR...

Mi Reflexión...
_____
_____
_____
_____
_____
_____

Fecha hoy...

Mi espíritu es mayor que mi circunstancia...

Mi Reflexión...
_____
_____
_____
_____
_____
_____

Dios conmigo y en mí SIEMPRE...

Mi Reflexión...
_____
_____
_____
_____
_____
_____

NADA es en mi contra, TODO es a mi favor...

Mi Reflexión...
_____
_____
_____
_____
_____
_____

Mi bienestar es innegociable...

Mi Reflexión...
_____
_____
_____
_____
_____
_____

Hoy recibo para SER y VIVIR...

Mi Reflexión...
_____
_____
_____
_____
_____
_____

Fecha hoy...

Mi espíritu es mayor que mi circunstancia...

Mi Reflexión...
_____
_____
_____
_____
_____

Dios conmigo y en mí SIEMPRE...

Mi Reflexión...
_____
_____
_____
_____
_____

NADA es en mi contra, TODO es a mi favor...

Mi Reflexión...
_____
_____
_____
_____
_____

Mi bienestar es innegociable...

Mi Reflexión...
_____
_____
_____
_____
_____

Hoy recibo para SER y VIVIR...

Mi Reflexión...
_____
_____
_____
_____
_____

Fecha hoy...

Mi espíritu es mayor que mi circunstancia...

Mi Reflexión...
_____
_____
_____
_____
_____

Dios conmigo y en mí SIEMPRE...

Mi Reflexión...
_____
_____
_____
_____
_____

NADA es en mi contra, TODO es a mi favor...

Mi Reflexión...
_____
_____
_____
_____
_____

Mi bienestar es innegociable...

Mi Reflexión...
_____
_____
_____
_____
_____

Hoy recibo para SER y VIVIR...

Mi Reflexión...
_____
_____
_____
_____
_____

Fecha hoy...

Mi espíritu es mayor que mi circunstancia...

Mi Reflexión...
_____
_____
_____
_____
_____

Dios conmigo y en mí SIEMPRE...

Mi Reflexión...
_____
_____
_____
_____
_____

NADA es en mi contra, TODO es a mi favor...

Mi Reflexión...
_____
_____
_____
_____
_____

Mi bienestar es innegociable...

Mi Reflexión...
_____
_____
_____
_____
_____

Hoy recibo para SER y VIVIR...

Mi Reflexión...
_____
_____
_____
_____
_____

Fecha hoy...

Mi espíritu es mayor que mi circunstancia...

Mi Reflexión...
_____
_____
_____
_____
_____

Dios conmigo y en mí SIEMPRE...

Mi Reflexión...
_____
_____
_____
_____
_____

NADA es en mi contra, TODO es a mi favor...

Mi Reflexión...
_____
_____
_____
_____
_____

Mi bienestar es innegociable...

Mi Reflexión...
_____
_____
_____
_____
_____

Hoy recibo para SER y VIVIR...

Mi Reflexión...
_____
_____
_____
_____
_____

Fecha hoy...

Palabra del Día...
Supera...

*Mi espíritu es mayor
que mi circunstancia...*

Mi Reflexión...
_____
_____
_____
_____
_____
_____

Dios conmigo y en mí SIEMPRE...

Mi Reflexión...
_____
_____
_____
_____
_____
_____

*NADA es en mí contra,
TODO es a mi favor...*

Mi Reflexión...
_____
_____
_____
_____
_____
_____

Mi bienestar es innegociable...

Mi Reflexión...
_____
_____
_____
_____
_____
_____

Hoy recibo para SER y VIVIR...

Mi Reflexión...
_____
_____
_____
_____
_____
_____

En cita me tocó conocer que soy el espejo del disfrute para un alma en custodia en su desarrollo místico y le compartí que lo vivo desde la niña en mí.

Hoy tuve uno de esos momentos que en mi vida de adulta le dan permiso a la niña en mi a disfrutar en las memorias de un pasado que, aunque doloroso en muchas instancias he decidido enfocar en las memorias gratas y aquí lo comparto para ella y para los que lo necesiten.

En el paseo por góndolas para los abastos necesarios encontré unos dulces que me llevan a recordar momentos dulces de mi infancia en la búsqueda y celebración de los rellenos con sabor a china... toda una fiesta y mi mamá hacia todo un evento esconderlos y descubrirlos. La recordé con nostalgia, gratitud, alegría y amor. Momento que me recordó cuan amada he sido, que juntas hoy (ella desde su mundo y yo desde el mío paralelo) volvimos a VIVIR un momento de iluminación que menguan la incertidumbre de estos tiempos, que lo que vivo será un recuerdo en el tiempo donde podré escoger lo mejor dentro de lo que nos está tocando VIVIR y que mi espíritu es más fuerte que mi circunstancia SIEMPRE...

Hoy, donde tantas emociones pueden abrumar el alma...rescata de tu mejor momento vivido tus mejores memorias y date permiso a VIVIR desde ese momento una pausa gratificante de disfrute, que sea el bálsamo a ese adulto de hoy que se le pierde un futuro en los imprevistos que esta situación muestra. Hay más para celebrar, agradecer, disfrutar y ganar que lo que pueda comprometerse en agobios, inseguridades, pérdidas y malestares.

Cita Libro Guía Personalizada (Biblia)

*1 Tesalonicenses 4:11
Mi objetivo VIVIR tranquila
ocupándome de mis asuntos...*

Fecha hoy...

Fecha hoy...

Mi espíritu es mayor
que mi circunstancia...

Mi Reflexión...

_____
_____
_____
_____
_____

Dios conmigo y en mí SIEMPRE...

Mi Reflexión...

_____
_____
_____
_____
_____

NADA es en mi contra,
TODO es a mi favor...

Mi Reflexión...

_____
_____
_____
_____
_____

Mi bienestar es innegociable...

Mi Reflexión...

_____
_____
_____
_____
_____

Hoy recibo para SER y VIVIR...

Mi Reflexión...

_____
_____
_____
_____
_____

Mi espíritu es mayor
que mi circunstancia...

Mi Reflexión...

Dios conmigo y en mí SIEMPRE...

Mi Reflexión...

NADA es en mi contra,
TODO es a mi favor...

Mi Reflexión...

Mi bienestar es innegociable...

Mi Reflexión...

Hoy recibo para SER y VIVIR...

Mi Reflexión...

Fecha hoy...

Mi espíritu es mayor
que mi circunstancia...

Mi Reflexión...
_____
_____
_____
_____
_____

Dios conmigo y en mí SIEMPRE...

Mi Reflexión...
_____
_____
_____
_____
_____

NADA es en mi contra,
TODO es a mi favor...

Mi Reflexión...
_____
_____
_____
_____
_____

Mi bienestar es innegociable...

Mi Reflexión...
_____
_____
_____
_____
_____

Hoy recibo para SER y VIVIR...

Mi Reflexión...
_____
_____
_____
_____
_____

Fecha hoy...

Mi espíritu es mayor
que mi circunstancia...

Mi Reflexión...
_____
_____
_____
_____
_____

Dios conmigo y en mí SIEMPRE...

Mi Reflexión...
_____
_____
_____
_____
_____

NADA es en mi contra,
TODO es a mi favor...

Mi Reflexión...
_____
_____
_____
_____
_____

Mi bienestar es innegociable...

Mi Reflexión...
_____
_____
_____
_____
_____

Hoy recibo para SER y VIVIR...

Mi Reflexión...
_____
_____
_____
_____
_____

Fecha hoy...

Mi espíritu es mayor que mi circunstancia...

Mi Reflexión...
_____
_____
_____
_____
_____

Dios conmigo y en mí SIEMPRE...

Mi Reflexión...
_____
_____
_____
_____
_____

NADA es en mi contra, TODO es a mi favor...

Mi Reflexión...
_____
_____
_____
_____
_____

Mi bienestar es innegociable...

Mi Reflexión...
_____
_____
_____
_____
_____

Hoy recibo para SER y VIVIR...

Mi Reflexión...
_____
_____
_____
_____
_____

Fecha hoy...

Mi espíritu es mayor que mi circunstancia...

Mi Reflexión...
_____
_____
_____
_____
_____

Dios conmigo y en mí SIEMPRE...

Mi Reflexión...
_____
_____
_____
_____
_____

NADA es en mi contra, TODO es a mi favor...

Mi Reflexión...
_____
_____
_____
_____
_____

Mi bienestar es innegociable...

Mi Reflexión...
_____
_____
_____
_____
_____

Hoy recibo para SER y VIVIR...

Mi Reflexión...
_____
_____
_____
_____
_____

Fecha hoy...

Mi espíritu es mayor que mi circunstancia...

Mi Reflexión...

_____
_____
_____
_____
_____
_____

Dios conmigo y en mí SIEMPRE...

Mi Reflexión...

_____
_____
_____
_____
_____

NADA es en mi contra, TODO es a mi favor...

Mi Reflexión...

_____
_____
_____
_____
_____

Mi bienestar es innegociable...

Mi Reflexión...

_____
_____
_____
_____
_____

Hoy recibo para SER y VIVIR...

Mi Reflexión...

_____
_____
_____
_____

Palabra del Día... Prevalece...

Es preciso ver como la cantidad de personas negativas, agresivas, insatisfechas, descompensadas, agobiadas, inseguras, en perdida y desalentadas supera exponencialmente la cantidad de los que en disfrute, seguridad, ganancia y BIENestar.

Comprometer el SER a un vacío existencial en el tránsito por la vida, es el mayor cáncer que puede provocar que la iluminación falte en el alma comprometiendo su evolución.

Enfocar en lo que favorece, más allá de lo que se vive, permite encontrar soluciones, entendimiento, aprendizaje y propósito en TODO lo que en el VIVIR se presente para bienestar propio y el de TODOS los involucrados.

Hagamos de este viaje por la vida una experiencia de crecimiento, maduración, evolución y transformación plena... individual y colectiva. Dios es en y con nosotros para lo imposible y para proveer lo necesario para que hagamos lo posible.

Si resulta imposible superar el existir, comienza por respirar y fluir en tu VIVIR... haciendo lo mejor para SER la diferencia en lo peor, que consume a los que lo adverso los está consumiendo.

Cita Libro Guía Personalizada (Biblia)

Romanos 5:11
Alegre por mi nueva y maravillosa relación con Mi Dios...

Fecha hoy...

Mi espíritu es mayor que mi circunstancia...

Mi Reflexión...
_____
_____
_____
_____
_____

Dios conmigo y en mí SIEMPRE...

Mi Reflexión...
_____
_____
_____
_____
_____

NADA es en mi contra, TODO es a mi favor...

Mi Reflexión...
_____
_____
_____
_____
_____

Mi bienestar es innegociable...

Mi Reflexión...
_____
_____
_____
_____
_____

Hoy recibo para SER y VIVIR...

Mi Reflexión...
_____
_____
_____
_____
_____

Fecha hoy...

Mi espíritu es mayor que mi circunstancia...

Mi Reflexión...
_____
_____
_____
_____
_____

Dios conmigo y en mí SIEMPRE...

Mi Reflexión...
_____
_____
_____
_____
_____

NADA es en mi contra, TODO es a mi favor...

Mi Reflexión...
_____
_____
_____
_____
_____

Mi bienestar es innegociable...

Mi Reflexión...
_____
_____
_____
_____
_____

Hoy recibo para SER y VIVIR...

Mi Reflexión...
_____
_____
_____
_____
_____

Fecha hoy...

Fecha hoy...

*Mi espíritu es mayor
que mi circunstancia...*

Mi Reflexión...

_____
_____
_____
_____
_____

Dios conmigo y en mí SIEMPRE...

Mi Reflexión...

_____
_____
_____
_____
_____

*NADA es en mi contra,
TODO es a mi favor...*

Mi Reflexión...

_____
_____
_____
_____
_____

Mi bienestar es innegociable...

Mi Reflexión...

_____
_____
_____
_____
_____

Hoy recibo para SER y VIVIR...

Mi Reflexión...

_____
_____
_____
_____
_____

*Mi espíritu es mayor
que mi circunstancia...*

Mi Reflexión...

_____
_____
_____
_____
_____

Dios conmigo y en mí SIEMPRE...

Mi Reflexión...

_____
_____
_____
_____
_____

*NADA es en mi contra,
TODO es a mi favor...*

Mi Reflexión...

_____
_____
_____
_____
_____

Mi bienestar es innegociable...

Mi Reflexión...

_____
_____
_____
_____
_____

Hoy recibo para SER y VIVIR...

Mi Reflexión...

_____
_____
_____
_____
_____

Fecha hoy...

Mi espíritu es mayor que mi circunstancia...

Mi Reflexión...
_____
_____
_____
_____
_____

Dios conmigo y en mí SIEMPRE...

Mi Reflexión...
_____
_____
_____
_____
_____

NADA es en mi contra, TODO es a mi favor...

Mi Reflexión...
_____
_____
_____
_____
_____

Mi bienestar es innegociable...

Mi Reflexión...
_____
_____
_____
_____
_____

Hoy recibo para SER y VIVIR...

Mi Reflexión...
_____
_____
_____
_____
_____

Fecha hoy...

Mi espíritu es mayor que mi circunstancia...

Mi Reflexión...
_____
_____
_____
_____
_____

Dios conmigo y en mí SIEMPRE...

Mi Reflexión...
_____
_____
_____
_____
_____

NADA es en mi contra, TODO es a mi favor...

Mi Reflexión...
_____
_____
_____
_____
_____

Mi bienestar es innegociable...

Mi Reflexión...
_____
_____
_____
_____
_____

Hoy recibo para SER y VIVIR...

Mi Reflexión...
_____
_____
_____
_____
_____

Fecha hoy...

Palabra del Día...
Siembra...

Mi Reflexión...

Mi espíritu es mayor que mi circunstancia...

_____
_____
_____
_____
_____
_____

Mi Reflexión...

Dios conmigo y en mí SIEMPRE...

_____
_____
_____
_____
_____

Mi Reflexión...

NADA es en mi contra, TODO es a mi favor...

_____
_____
_____
_____
_____

Mi Reflexión...

Mi bienestar es innegociable...

_____
_____
_____
_____

Mi Reflexión...

Hoy recibo para SER y VIVIR...

_____
_____
_____
_____
_____

Si vas igual que antes, más te falta por pasar. Si decides diferente actuar habiendo escogido, aprendido, organizado y decidido distinto el porVIVIR… disfrute, seguridad, ganancia y bienestar encontrarán.

Evite detener-se y comiencen por permitir-se VIVIR distinto para que se manifieste lo que necesitan para disfrutar-se, entender-se, superar-se y espiritualizar-se de una vez y para siempre... por ustedes y por los que detrás de ustedes vienen.

Lo que funciona prevalece, lo demás se vive, se aprende, se disfruta, se cree, se celebra y se agradece. Que lo mejor se manifieste sin que te apegues a lo que cumplió, venció o nunca funcionó.

Sacude lo que te limite y date permiso a intentar nuevos modos de VIVIR.

Lo mejor es estar, SER solo de ti depende... Comencemos.

Dios está presente y en control, en y con todos... cada uno que haga lo posible, El hará lo imposible para el bienestar de todos los involucrados.

INSPÍRATE...

ILUSIÓNATE...

ILUMÍNATE...

Cita Libro Guía Personalizada (Biblia)

Tito 3:1
Siempre obediente y en disposición de hacer lo que es favorable...

Fecha hoy...

Mi espíritu es mayor que mi circunstancia...

Mi Reflexión...

_____
_____
_____
_____
_____
_____

Dios conmigo y en mí SIEMPRE...

Mi Reflexión...

_____
_____
_____
_____
_____
_____

NADA es en mi contra, TODO es a mi favor...

Mi Reflexión...

_____
_____
_____
_____
_____
_____

Mi bienestar es innegociable...

Mi Reflexión...

_____
_____
_____
_____
_____

Hoy recibo para SER y VIVIR...

Mi Reflexión...

_____
_____
_____
_____
_____

Fecha hoy...

Mi espíritu es mayor que mi circunstancia...

Mi Reflexión...

_____
_____
_____
_____
_____
_____

Dios conmigo y en mí SIEMPRE...

Mi Reflexión...

_____
_____
_____
_____
_____
_____

NADA es en mi contra, TODO es a mi favor...

Mi Reflexión...

_____
_____
_____
_____
_____
_____

Mi bienestar es innegociable...

Mi Reflexión...

_____
_____
_____
_____
_____

Hoy recibo para SER y VIVIR...

Mi Reflexión...

_____
_____
_____
_____
_____

Fecha hoy...

Mi espíritu es mayor
que mi circunstancia...

Mi Reflexión...
_____
_____
_____
_____
_____

Dios conmigo y en mí SIEMPRE...

Mi Reflexión...
_____
_____
_____
_____
_____

NADA es en mi contra,
TODO es a mi favor...

Mi Reflexión...
_____
_____
_____
_____
_____

Mi bienestar es innegociable...

Mi Reflexión...
_____
_____
_____
_____
_____

Hoy recibo para SER y VIVIR...

Mi Reflexión...
_____
_____
_____
_____
_____

Fecha hoy...

Mi espíritu es mayor
que mi circunstancia...

Mi Reflexión...
_____
_____
_____
_____
_____

Dios conmigo y en mí SIEMPRE...

Mi Reflexión...
_____
_____
_____
_____
_____

NADA es en mi contra,
TODO es a mi favor...

Mi Reflexión...
_____
_____
_____
_____
_____

Mi bienestar es innegociable...

Mi Reflexión...
_____
_____
_____
_____
_____

Hoy recibo para SER y VIVIR...

Mi Reflexión...
_____
_____
_____
_____
_____

Fecha hoy...

Mi espíritu es mayor que mi circunstancia...

Mi Reflexión...
_____
_____
_____
_____
_____

Dios conmigo y en mí SIEMPRE...

Mi Reflexión...
_____
_____
_____
_____
_____

NADA es en mi contra, TODO es a mi favor...

Mi Reflexión...
_____
_____
_____
_____
_____

Mi bienestar es innegociable...

Mi Reflexión...
_____
_____
_____
_____
_____

Hoy recibo para SER y VIVIR...

Mi Reflexión...
_____
_____
_____
_____
_____

Fecha hoy...

Mi espíritu es mayor que mi circunstancia...

Mi Reflexión...
_____
_____
_____
_____
_____

Dios conmigo y en mí SIEMPRE...

Mi Reflexión...
_____
_____
_____
_____
_____

NADA es en mi contra, TODO es a mi favor...

Mi Reflexión...
_____
_____
_____
_____
_____

Mi bienestar es innegociable...

Mi Reflexión...
_____
_____
_____
_____
_____

Hoy recibo para SER y VIVIR...

Mi Reflexión...
_____
_____
_____
_____
_____

Fecha hoy...

Palabra del Día...
Siente...

*Mi espíritu es mayor
que mi circunstancia...*

Mi Reflexión...

_____
_____
_____
_____
_____
_____

Dios conmigo y en mí SIEMPRE...

Mi Reflexión...

_____
_____
_____
_____
_____

*NADA es en mi contra,
TODO es a mi favor...*

Mi Reflexión...

_____
_____
_____
_____
_____

Mi bienestar es innegociable...

Mi Reflexión...

_____
_____
_____
_____
_____

Hoy recibo para SER y VIVIR...

Mi Reflexión...

_____
_____
_____
_____
_____

Unos nacemos para escribir y hablar es para explicar, a otros el talento para hablar Dios les regala para comunicar lo que muchos quieren escuchar.

Reflexiva la conocida muerte vuelve a dejarme saber, que sin fecha fija ni deseos llega y en la vida hay que VIVIR con pasión y con propósito, pues cuando llega el día... los que sobrevivan necesitan darse cuenta de que solo fallece el cuerpo y de la vivencia las semillas quedan.

Hoy le tocó recibir sus alas a un ser tan particular como individual, donde deja sonrisas sembradas por doquier y cómo con dolor recordar a quien en la vida tanto disfrutó.

Cada vida que al origen regresa su semilla nos siembra y en estos tiempos que vivimos, donde hay que hacerlo todo distinto, ha tocado despedir a un ser tan social en su más intensa intimidad.

Más evidencia que nada como antes es, ni como es...será. "Todo perfecto..todo tranquilo" como está a los que con Dios van. Recibe hoy sus alas en la Mansión Celestial con la misma alegría con que transitó su vida terrenal.

Más allá del Sol el juego comenzó... su historia en este plano se encarga de que florezca todo lo que sembrado dejó.

Cita Libro Guía Personalizada (Biblia)

*Jeremías 5:11
Mi Dios cuida de mí, en todo tiempo
y en cada momento...*

Fecha hoy...

Fecha hoy...

**Mi espíritu es mayor
que mi circunstancia...**

Mi Reflexión...
_____
_____
_____
_____
_____

Dios conmigo y en mí SIEMPRE...

Mi Reflexión...
_____
_____
_____
_____
_____

**NADA es en mi contra,
TODO es a mi favor...**

Mi Reflexión...
_____
_____
_____
_____
_____

Mi bienestar es innegociable...

Mi Reflexión...
_____
_____
_____
_____
_____

Hoy recibo para SER y VIVIR...

Mi Reflexión...
_____
_____
_____
_____
_____

**Mi espíritu es mayor
que mi circunstancia...**

Mi Reflexión...
_____
_____
_____
_____
_____

Dios conmigo y en mí SIEMPRE...

Mi Reflexión...
_____
_____
_____
_____
_____

**NADA es en mi contra,
TODO es a mi favor...**

Mi Reflexión...
_____
_____
_____
_____
_____

Mi bienestar es innegociable...

Mi Reflexión...
_____
_____
_____
_____
_____

Hoy recibo para SER y VIVIR...

Mi Reflexión...
_____
_____
_____
_____
_____

Fecha hoy...

Mi espíritu es mayor que mi circunstancia...

Mi Reflexión...
_____
_____
_____
_____
_____

Dios conmigo y en mí SIEMPRE...

Mi Reflexión...
_____
_____
_____
_____
_____

NADA es en mi contra, TODO es a mi favor...

Mi Reflexión...
_____
_____
_____
_____
_____

Mi bienestar es innegociable...

Mi Reflexión...
_____
_____
_____
_____
_____

Hoy recibo para SER y VIVIR...

Mi Reflexión...
_____
_____
_____
_____
_____

Fecha hoy...

Mi espíritu es mayor que mi circunstancia...

Mi Reflexión...
_____
_____
_____
_____
_____

Dios conmigo y en mí SIEMPRE...

Mi Reflexión...
_____
_____
_____
_____
_____

NADA es en mi contra, TODO es a mi favor...

Mi Reflexión...
_____
_____
_____
_____
_____

Mi bienestar es innegociable...

Mi Reflexión...
_____
_____
_____
_____
_____

Hoy recibo para SER y VIVIR...

Mi Reflexión...
_____
_____
_____
_____
_____

Fecha hoy...

Mi espíritu es mayor
que mi circunstancia...

Mi Reflexión...
_____
_____
_____
_____
_____

Dios conmigo y en mí SIEMPRE...

Mi Reflexión...
_____
_____
_____
_____
_____

NADA es en mi contra,
TODO es a mi favor...

Mi Reflexión...
_____
_____
_____
_____
_____

Mi bienestar es innegociable...

Mi Reflexión...
_____
_____
_____
_____
_____

Hoy recibo para SER y VIVIR...

Mi Reflexión...
_____
_____
_____
_____
_____

Fecha hoy...

Mi espíritu es mayor
que mi circunstancia...

Mi Reflexión...
_____
_____
_____
_____
_____

Dios conmigo y en mí SIEMPRE...

Mi Reflexión...
_____
_____
_____
_____
_____

NADA es en mi contra,
TODO es a mi favor...

Mi Reflexión...
_____
_____
_____
_____
_____

Mi bienestar es innegociable...

Mi Reflexión...
_____
_____
_____
_____
_____

Hoy recibo para SER y VIVIR...

Mi Reflexión...
_____
_____
_____
_____
_____

Fecha hoy...

Mi espíritu es mayor que mi circunstancia...

Mi Reflexión...

_____
_____
_____
_____
_____
_____

Dios conmigo y en mí SIEMPRE...

Mi Reflexión...

_____
_____
_____
_____
_____

NADA es en mi contra, TODO es a mi favor...

Mi Reflexión...

_____
_____
_____
_____
_____

Mi bienestar es innegociable...

Mi Reflexión...

_____
_____
_____
_____
_____

Hoy recibo para SER y VIVIR...

Mi Reflexión...

_____
_____
_____
_____
_____

Palabra del Día... Revisa...

Ve sin prisa, enfoca desde tu interior. Un reto más, seguimos y lo vamos a superar una vez más.

Hace mucho que vamos sin sentido esencial por la vida, cada uno por lo suyo, sin freno a la meta, sin compasión, ni amor propio. Entregamos lo que vale, lo importante, lo innegociable... La queja, el lamento, la pérdida y el temor sobrepasa lo natural. La lucha, la batalla, la injusticia y el individualismo nos lleva con prisa y sin tregua. El temor se vuelve angustia y ésta en agobio, llega a la tristeza y la depresión se roba la solución llevándonos a la frustración. La impotencia, la urgencia, la desesperación y la falta de solución, nos hace reconocer que la enfermedad, el dolor, la carencia y el cambio forzado, indeseado e innecesario nos presenta la muerte como la única opción. Así íbamos y el imprevisto nos sorprendió...

Mientras sigamos reactivos, en pánico, sin fe y sin Dios... estos eventos nos mostrarán cada vez más intensamente que es lo innegociable. Mientras nuestras opiniones y juicios sean más fuertes que los sentires y lo esencial... viviremos de evento en evento y en desasosiego.

Evite el pánico, la agresividad, la reactividad y el atacar... esto también pasará, como ha pasado lo demás. Nada permanece para siempre, es más lo que nos puede costar lo que hacemos en una crisis que la crisis por VIVIR. Evita lo que complica…apoya y facilita... quéjate menos, gestiona más... teme menos, confía más... critica menos, aporta más.

Vamos palante, nuestro espíritu es más fuerte que lo que se vive.... estaremos bien.

Cita Libro Guía Personalizada (Biblia)

Daniel 2:47
Mi Dios es grande
y me revela los misterios...

Fecha hoy...

Mi espíritu es mayor que mi circunstancia...

Mi Reflexión...
_____
_____
_____
_____
_____

Dios conmigo y en mí SIEMPRE...

Mi Reflexión...
_____
_____
_____
_____
_____

NADA es en mi contra, TODO es a mi favor...

Mi Reflexión...
_____
_____
_____
_____
_____

Mi bienestar es innegociable...

Mi Reflexión...
_____
_____
_____
_____
_____

Hoy recibo para SER y VIVIR...

Mi Reflexión...
_____
_____
_____
_____
_____

Fecha hoy...

Mi espíritu es mayor que mi circunstancia...

Mi Reflexión...
_____
_____
_____
_____
_____

Dios conmigo y en mí SIEMPRE...

Mi Reflexión...
_____
_____
_____
_____
_____

NADA es en mi contra, TODO es a mi favor...

Mi Reflexión...
_____
_____
_____
_____
_____

Mi bienestar es innegociable...

Mi Reflexión...
_____
_____
_____
_____
_____

Hoy recibo para SER y VIVIR...

Mi Reflexión...
_____
_____
_____
_____
_____

Fecha hoy...

Mi espíritu es mayor que mi circunstancia...

Mi Reflexión...
_____
_____
_____
_____
_____

Dios conmigo y en mí SIEMPRE...

Mi Reflexión...
_____
_____
_____
_____
_____

NADA es en mi contra, TODO es a mi favor...

Mi Reflexión...
_____
_____
_____
_____
_____

Mi bienestar es innegociable...

Mi Reflexión...
_____
_____
_____
_____
_____

Hoy recibo para SER y VIVIR...

Mi Reflexión...
_____
_____
_____
_____
_____

Fecha hoy...

Mi espíritu es mayor que mi circunstancia...

Mi Reflexión...
_____
_____
_____
_____
_____

Dios conmigo y en mí SIEMPRE...

Mi Reflexión...
_____
_____
_____
_____
_____

NADA es en mi contra, TODO es a mi favor...

Mi Reflexión...
_____
_____
_____
_____
_____

Mi bienestar es innegociable...

Mi Reflexión...
_____
_____
_____
_____
_____

Hoy recibo para SER y VIVIR...

Mi Reflexión...
_____
_____
_____
_____
_____

Fecha hoy...

Mi espíritu es mayor
que mi circunstancia...

Mi Reflexión...
_____
_____
_____
_____
_____

Dios conmigo y en mí SIEMPRE...

Mi Reflexión...
_____
_____
_____
_____
_____

NADA es en mi contra,
TODO es a mi favor...

Mi Reflexión...
_____
_____
_____
_____

Mi bienestar es innegociable...

Mi Reflexión...
_____
_____
_____
_____

Hoy recibo para SER y VIVIR...

Mi Reflexión...
_____
_____
_____
_____

Fecha hoy...

Mi espíritu es mayor
que mi circunstancia...

Mi Reflexión...
_____
_____
_____
_____
_____

Dios conmigo y en mí SIEMPRE...

Mi Reflexión...
_____
_____
_____
_____
_____

NADA es en mi contra,
TODO es a mi favor...

Mi Reflexión...
_____
_____
_____
_____

Mi bienestar es innegociable...

Mi Reflexión...
_____
_____
_____
_____

Hoy recibo para SER y VIVIR...

Mi Reflexión...
_____
_____
_____
_____

Fecha hoy...

Palabra del Día...
Desarróllate...

*Mi espíritu es mayor
que mi circunstancia...*

Mi Reflexión...

_____
_____
_____
_____
_____
_____

Dios conmigo y en mí SIEMPRE...

Mi Reflexión...

_____
_____
_____
_____
_____

*NADA es en mi contra,
TODO es a mi favor...*

Mi Reflexión...

_____
_____
_____
_____
_____
_____

Mi bienestar es innegociable...

Mi Reflexión...

_____
_____
_____
_____
_____
_____

Hoy recibo para SER y VIVIR...

Mi Reflexión...

_____
_____
_____
_____

Ayer tuve una cita con mi pasado desconocido, tan lejos como me llevaron y tan cerca que en mi ser sigue resonando. También visité mi pasado reciente, reviví instantes, algunas desilusiones y grandes verdades. Pura intensidad entre dobles vínculos y pactos de sangre.

Retomar faltantes, recibir mensajes y señales. Revalidar compromisos y terminar los inicios para comenzar a completar los escritos... que harán de este viaje la pieza clave para algunos que desconocen de dónde vienen y sobreviven donde están, sin saber que en su

VIVIR es más fácil transitar, si descubren en ellos la huella que por su sangre va.

Lo que falta lo revelarán, se manifestará y a tiempo llegará...desde el mundo paralelo, donde los que lo vivieron hoy están. Nada quedará oculto, digan lo que digan, pues con un susurro me lo entregarán.

Nuestra historia es magnífica con toda su intensidad, así como el clan del cual pertenezco por elección, decisión y derecho; del cual mis padres, abuelos, bisabuelos, tatarabuelos y nuestros más lejanos ancestros, fueron marcando el sendero que, a mis hermanos, primos y tíos, desde los íntimos a los lejanos su intensidad nos legaron.

He revisado, una vez más mi historia... el tiempo pasa volando. Es una historia compartida entre barcos y trenes, puertos y estaciones.... de grandes amores, intensas pasiones, de mujeres bravas y caballeros nobles... escrita en la sangre, sembrada en el alma, de sensaciones inigualables y de filosóficos pensares. Una historia definitivamente para contarse.

Cita Libro Guía Personalizada (Biblia)

*Colosenses 2:2
Confío plenamente que entiendo el
misterioso Plan de Mi Dios...*

Fecha hoy...

Mi espíritu es mayor que mi circunstancia...

Mi Reflexión...
_____
_____
_____
_____
_____

Dios conmigo y en mí SIEMPRE...

Mi Reflexión...
_____
_____
_____
_____
_____

NADA es en mi contra, TODO es a mi favor...

Mi Reflexión...
_____
_____
_____
_____
_____

Mi bienestar es innegociable...

Mi Reflexión...
_____
_____
_____
_____
_____

Hoy recibo para SER y VIVIR...

Mi Reflexión...
_____
_____
_____
_____
_____

Fecha hoy...

Mi espíritu es mayor que mi circunstancia...

Mi Reflexión...
_____
_____
_____
_____
_____

Dios conmigo y en mí SIEMPRE...

Mi Reflexión...
_____
_____
_____
_____
_____

NADA es en mi contra, TODO es a mi favor...

Mi Reflexión...
_____
_____
_____
_____
_____

Mi bienestar es innegociable...

Mi Reflexión...
_____
_____
_____
_____
_____

Hoy recibo para SER y VIVIR...

Mi Reflexión...
_____
_____
_____
_____
_____

Fecha hoy...

Mi espíritu es mayor que mi circunstancia...

Mi Reflexión...
_____
_____
_____
_____
_____
_____

Dios conmigo y en mí SIEMPRE...

Mi Reflexión...
_____
_____
_____
_____
_____

NADA es en mi contra, TODO es a mi favor...

Mi Reflexión...
_____
_____
_____
_____
_____

Mi bienestar es innegociable...

Mi Reflexión...
_____
_____
_____
_____
_____

Hoy recibo para SER y VIVIR...

Mi Reflexión...
_____
_____
_____
_____
_____

Fecha hoy...

Mi espíritu es mayor que mi circunstancia...

Mi Reflexión...
_____
_____
_____
_____
_____
_____

Dios conmigo y en mí SIEMPRE...

Mi Reflexión...
_____
_____
_____
_____
_____

NADA es en mi contra, TODO es a mi favor...

Mi Reflexión...
_____
_____
_____
_____
_____

Mi bienestar es innegociable...

Mi Reflexión...
_____
_____
_____
_____
_____

Hoy recibo para SER y VIVIR...

Mi Reflexión...
_____
_____
_____
_____
_____

Fecha hoy...

Fecha hoy...

**Mi espíritu es mayor
que mi circunstancia...**

Mi Reflexión...
_____
_____
_____
_____
_____

**Mi espíritu es mayor
que mi circunstancia...**

Mi Reflexión...
_____
_____
_____
_____
_____

Dios conmigo y en mí SIEMPRE...

Mi Reflexión...
_____
_____
_____
_____

Dios conmigo y en mí SIEMPRE...

Mi Reflexión...
_____
_____
_____
_____

**NADA es en mi contra,
TODO es a mi favor...**

Mi Reflexión...
_____
_____
_____
_____
_____

**NADA es en mi contra,
TODO es a mi favor...**

Mi Reflexión...
_____
_____
_____
_____
_____

Mi bienestar es innegociable...

Mi Reflexión...
_____
_____
_____
_____
_____

Mi bienestar es innegociable...

Mi Reflexión...
_____
_____
_____
_____

Hoy recibo para SER y VIVIR...

Mi Reflexión...
_____
_____
_____
_____

Hoy recibo para SER y VIVIR...

Mi Reflexión...
_____
_____
_____
_____

Fecha hoy...

Palabra del Día... Favorece...

Mi espíritu es mayor que mi circunstancia...

Mi Reflexión...

_____
_____
_____
_____
_____
_____

Dios conmigo y en mí SIEMPRE...

Mi Reflexión...

_____
_____
_____
_____
_____

NADA es en mi contra, TODO es a mi favor...

Mi Reflexión...

_____
_____
_____
_____
_____

Mi bienestar es innegociable...

Mi Reflexión...

_____
_____
_____
_____
_____

Hoy recibo para SER y VIVIR...

Mi Reflexión...

_____
_____
_____
_____
_____

Lo que somos como adultos... fue diseñado desde 3 meses antes de ser concebidos hasta cumplir los 7 años de nacidos... El adulto se asume a los 21 años, si los que lo han guiado hacen un alto al cumplirlos y le entregan la responsabilidad cultivada desde el nacer.

Viviendo los 9 años ese niño atraviesa su primera experiencia espiritual consiente y conoce su limitada mortal humanidad, identificando que puede hacer y que le toca entregar a un Poder

Superior, diseñando su vida espiritual desde ese evento.

Viviendo sus 11 años, ese niño comienza a fortalecer su autoridad y necesita apoyo, validación, reconocimiento, sobre todo permiso para intentar, aprender y ganar por su propio medio. Con esto desarrolla el amor propio, inteligencia emocional y conciencia esencial.

¿Lo has vivido tú y los niños a tu alrededor cuentan con tu guía para vivirlo? ¿Te interesa conocer más al respecto?

Te invito a que conozcas más detalles, te identifiques y puedas apoyar a los niños sabios que te rodean.

Cita Libro Guía Personalizada (Biblía)
2 Tesalonicenses 3:3
Mí Dios es fiel.. me fortalece y protege de lo adverso…

Cita Libro Guía Personalizada (Biblia)

*2 Tesalonicenses 3:3
Mí Dios es fiel...me fortalece
y protege de lo adverso...*

Fecha hoy...

*Mi espíritu es mayor
que mi circunstancia...*

Mi Reflexión...
_____
_____
_____
_____
_____
_____

Dios conmigo y en mí SIEMPRE...

Mi Reflexión...
_____
_____
_____
_____
_____
_____

*NADA es en mi contra,
TODO es a mi favor...*

Mi Reflexión...
_____
_____
_____
_____
_____
_____

Mi bienestar es innegociable...

Mi Reflexión...
_____
_____
_____
_____
_____
_____

Hoy recibo para SER y VIVIR...

Mi Reflexión...
_____
_____
_____
_____
_____

Fecha hoy...

*Mi espíritu es mayor
que mi circunstancia...*

Mi Reflexión...
_____
_____
_____
_____
_____
_____

Dios conmigo y en mí SIEMPRE...

Mi Reflexión...
_____
_____
_____
_____
_____
_____

*NADA es en mi contra,
TODO es a mi favor...*

Mi Reflexión...
_____
_____
_____
_____
_____
_____

Mi bienestar es innegociable...

Mi Reflexión...
_____
_____
_____
_____
_____
_____

Hoy recibo para SER y VIVIR...

Mi Reflexión...
_____
_____
_____
_____
_____

Fecha hoy...

Mi espíritu es mayor que mi circunstancia...

Mi Reflexión...

_____
_____
_____
_____
_____
_____

Dios conmigo y en mí SIEMPRE...

Mi Reflexión...

_____
_____
_____
_____
_____

NADA es en mi contra, TODO es a mi favor...

Mi Reflexión...

_____
_____
_____
_____
_____
_____

Mi bienestar es innegociable...

Mi Reflexión...

_____
_____
_____
_____
_____

Hoy recibo para SER y VIVIR...

Mi Reflexión...

_____
_____
_____
_____
_____

Fecha hoy...

Mi espíritu es mayor que mi circunstancia...

Mi Reflexión...

_____
_____
_____
_____
_____
_____

Dios conmigo y en mí SIEMPRE...

Mi Reflexión...

_____
_____
_____
_____
_____

NADA es en mi contra, TODO es a mi favor...

Mi Reflexión...

_____
_____
_____
_____
_____
_____

Mi bienestar es innegociable...

Mi Reflexión...

_____
_____
_____
_____
_____

Hoy recibo para SER y VIVIR...

Mi Reflexión...

_____
_____
_____
_____
_____

Fecha hoy...

Mi espíritu es mayor
que mi circunstancia...

Mi Reflexión...
_____
_____
_____
_____
_____

Dios conmigo y en mí SIEMPRE...

Mi Reflexión...
_____
_____
_____
_____

NADA es en mi contra,
TODO es a mi favor...

Mi Reflexión...
_____
_____
_____
_____
_____

Mi bienestar es innegociable...

Mi Reflexión...
_____
_____
_____
_____

Hoy recibo para SER y VIVIR...

Mi Reflexión...
_____
_____
_____
_____

Fecha hoy...

Mi espíritu es mayor
que mi circunstancia...

Mi Reflexión...
_____
_____
_____
_____

Dios conmigo y en mí SIEMPRE...

Mi Reflexión...
_____
_____
_____
_____

NADA es en mi contra,
TODO es a mi favor...

Mi Reflexión...
_____
_____
_____
_____

Mi bienestar es innegociable...

Mi Reflexión...
_____
_____
_____
_____

Hoy recibo para SER y VIVIR...

Mi Reflexión...
_____
_____
_____
_____

Fecha hoy...

Palabra del Día...
Regala...

Mi espíritu es mayor que mi circunstancia...

Mi Reflexión...

_____
_____
_____
_____
_____
_____

Dios conmigo y en mí SIEMPRE...

Mi Reflexión...

_____
_____
_____
_____
_____

NADA es en mi contra, TODO es a mi favor...

Mi Reflexión...

_____
_____
_____
_____

Mi bienestar es innegociable...

Mi Reflexión...

_____
_____
_____
_____

Hoy recibo para SER y VIVIR...

Mi Reflexión...

_____
_____
_____
_____

Cuando las cosas desagradables se manifiestan ... es tiempo de evaluar y confiar. Cuando van como esperamos... es tiempo de soñar y fluir. Cuando van mejor de lo esperado... es tiempo de recordar y decidir. Cuando se manifiesta un imprevisto... es tiempo de parar, RES PIRAR y aventurar.

NADA es en contra... TODO es a favor, la intensidad pasará y todo bien estará. Haciendo lo que nos toca y cada cual su parte, Dios hace lo demás.

Cuando la intensidad de la vida nos pueda arrastrar, hay que recordar que una vez ni estaba como queríamos... más sí como necesitábamos, para que cuando superen nuestros deseos podamos agradecer que Dios nos ama, que está presente y en control… supliéndole a cada cual lo necesario para el VIVIR continuar.

Detente... RES PI RA Y Agradece lo que vives hoy y hay que VIVIR con pasión lo que te toca para el beneficio de todos los involucrados. Propósito Mayor hay y será revelado en Su momento.

Con el placer del propósito cumplido, más allá de lo que se viva... Pa'lante, Dios sabe y eso es más que suficiente.

Cita Libro Guía Personalizada (Biblia)
1 Tesalonicenses 5:28
La Gracia de Dios es conmigo y en mi SIEMPRE…

Cita Libro Guía Personalizada (Biblia)

1 Tesalonicenses 5:28
La Gracia de Dios es conmigo y en mi SIEMPRE...

Fecha hoy...

Mi espíritu es mayor que mi circunstancia...

Mi Reflexión...
_____
_____
_____
_____
_____

Dios conmigo y en mí SIEMPRE...

Mi Reflexión...
_____
_____
_____
_____
_____

NADA es en mi contra, TODO es a mi favor...

Mi Reflexión...
_____
_____
_____
_____
_____

Mi bienestar es innegociable...

Mi Reflexión...
_____
_____
_____
_____
_____

Hoy recibo para SER y VIVIR...

Mi Reflexión...
_____
_____
_____
_____
_____

Fecha hoy...

Mi espíritu es mayor que mi circunstancia...

Mi Reflexión...
_____
_____
_____
_____
_____

Dios conmigo y en mí SIEMPRE...

Mi Reflexión...
_____
_____
_____
_____
_____

NADA es en mi contra, TODO es a mi favor...

Mi Reflexión...
_____
_____
_____
_____
_____

Mi bienestar es innegociable...

Mi Reflexión...
_____
_____
_____
_____
_____

Hoy recibo para SER y VIVIR...

Mi Reflexión...
_____
_____
_____
_____
_____

Fecha hoy...

Mi espíritu es mayor que mi circunstancia...

Mi Reflexión...
_____
_____
_____
_____
_____
_____

Dios conmigo y en mí SIEMPRE...

Mi Reflexión...
_____
_____
_____
_____
_____

NADA es en mi contra, TODO es a mi favor...

Mi Reflexión...
_____
_____
_____
_____
_____

Mi bienestar es innegociable...

Mi Reflexión...
_____
_____
_____
_____
_____

Hoy recibo para SER y VIVIR...

Mi Reflexión...
_____
_____
_____
_____
_____

Fecha hoy...

Mi espíritu es mayor que mi circunstancia...

Mi Reflexión...
_____
_____
_____
_____
_____
_____

Dios conmigo y en mí SIEMPRE...

Mi Reflexión...
_____
_____
_____
_____
_____

NADA es en mi contra, TODO es a mi favor...

Mi Reflexión...
_____
_____
_____
_____
_____

Mi bienestar es innegociable...

Mi Reflexión...
_____
_____
_____
_____
_____

Hoy recibo para SER y VIVIR...

Mi Reflexión...
_____
_____
_____
_____
_____

Fecha hoy...

Mi espíritu es mayor
que mi circunstancia...

Mi Reflexión...
_____
_____
_____
_____
_____

Dios conmigo y en mí SIEMPRE...

Mi Reflexión...
_____
_____
_____
_____
_____

NADA es en mi contra,
TODO es a mi favor...

Mi Reflexión...
_____
_____
_____
_____
_____

Mi bienestar es innegociable...

Mi Reflexión...
_____
_____
_____
_____
_____

Hoy recibo para SER y VIVIR...

Mi Reflexión...
_____
_____
_____
_____
_____

Fecha hoy...

Mi espíritu es mayor
que mi circunstancia...

Mi Reflexión...
_____
_____
_____
_____
_____

Dios conmigo y en mí SIEMPRE...

Mi Reflexión...
_____
_____
_____
_____
_____

NADA es en mi contra,
TODO es a mi favor...

Mi Reflexión...
_____
_____
_____
_____
_____

Mi bienestar es innegociable...

Mi Reflexión...
_____
_____
_____
_____
_____

Hoy recibo para SER y VIVIR...

Mi Reflexión...
_____
_____
_____
_____
_____

Fecha hoy...

Mi espíritu es mayor que mi circunstancia...

Mi Reflexión...
_____
_____
_____
_____
_____
_____
_____

Dios conmigo y en mí SIEMPRE...

Mi Reflexión...
_____
_____
_____
_____
_____
_____
_____

NADA es en mi contra, TODO es a mi favor...

Mi Reflexión...
_____
_____
_____
_____
_____
_____
_____

Mi bienestar es innegociable...

Mi Reflexión...
_____
_____
_____
_____
_____
_____
_____

Hoy recibo para SER y VIVIR...

Mi Reflexión...
_____
_____
_____
_____
_____
_____
_____

En el VIVIR muchas eventualidades nos sorprenden o sorprendemos a otros en ellas y en muchas se hacen compromisos que quedan en el olvido. Cumplir los acuerdos, compromisos, ofrecimientos y promesas es esencial para prosperar. Desde un café o una visita, un almuerzo, comida o merienda, un texto, una llamada, un cómo te va o un seguimiento... deudas que se acumulan más allá de las cuentas por pagar o por cobrar.

Todas desde la más simple a la más compleja hay que manejarla para su CUMPLIMIENTO. Esto es solo reasignar una fecha, disculparse, reorganizar o redefinir, excusarse o asistir más nunca olvidar que en deuda estamos y nuestra prosperidad la gestiona el CUMPLIMIENTO. Cumplir con nosotros es tan importante como cumplir con el prójimo, pues cumpliendo organizamos nuestra parte de un acuerdo que tal vez la otra parte ha olvidado o poca o ninguna importancia ha dado.

Completando los días ante de un nuevo comienzo... cuantos asuntos pendientes puedes tener por falta de cumplimiento es hora de cumplir con ellos... Llama o escribe, comunícate con quien algo le debas y da el gran paso de CUMPLIMIENTO que es solo recordar y ser responsable de lo ofrecido, prometido o debido. Es rendir cuentas por lo pendiente, por lo olvidado, saldarlo o reasignarlo es asunto de acuerdos nuevos para que de manifieste el CUMPLIMIENTO, aunque sea entre los involucrados dar por cerrado el caso y liberar las partes de lo previamente acordado. Cuantas citas para un café, cuantas llamadas para hablar luego, cuantos nos vemos pronto, nos juntamos o hablamos para ponernos de acuerdo... Cuantos acuerdos mayores que comprometen relaciones, cuantos abrazos, besos o nos estamos viendo... están en tu VIVIR pendientes en falta de cumplimiento... ninguno es mínimo. Que las nuevas oportunidades te lleguen en CUMPLIMIENTO para VIVIR en Disfrute, Seguridad, Ganancia y Bienestar...

Cita Libro Guía Personalizada (Biblia)

Nehemías 10:38
Me comprometo a cuidarme como templo de Mi Dios...

Fecha hoy...

Mi espíritu es mayor que mi circunstancia...

Mi Reflexión...

_____
_____
_____
_____
_____

Dios conmigo y en mí SIEMPRE...

Mi Reflexión...

_____
_____
_____
_____

NADA es en mi contra, TODO es a mi favor...

Mi Reflexión...

_____
_____
_____
_____

Mi bienestar es innegociable...

Mi Reflexión...

_____
_____
_____
_____

Hoy recibo para SER y VIVIR...

Mi Reflexión...

_____
_____
_____
_____

Fecha hoy...

Mi espíritu es mayor que mi circunstancia...

Mi Reflexión...

_____
_____
_____
_____
_____

Dios conmigo y en mí SIEMPRE...

Mi Reflexión...

_____
_____
_____
_____

NADA es en mi contra, TODO es a mi favor...

Mi Reflexión...

_____
_____
_____
_____

Mi bienestar es innegociable...

Mi Reflexión...

_____
_____
_____
_____

Hoy recibo para SER y VIVIR...

Mi Reflexión...

_____
_____
_____
_____

Mi espíritu es mayor
que mi circunstancia...

Mi Reflexión...
_____
_____
_____
_____
_____

Dios conmigo y en mí SIEMPRE...

Mi Reflexión...
_____
_____
_____
_____
_____

NADA es en mi contra,
TODO es a mi favor...

Mi Reflexión...
_____
_____
_____
_____
_____

Mi bienestar es innegociable...

Mi Reflexión...
_____
_____
_____
_____
_____

Hoy recibo para SER y VIVIR...

Mi Reflexión...
_____
_____
_____
_____
_____

Mi espíritu es mayor
que mi circunstancia...

Mi Reflexión...
_____
_____
_____
_____
_____

Dios conmigo y en mí SIEMPRE...

Mi Reflexión...
_____
_____
_____
_____
_____

NADA es en mi contra,
TODO es a mi favor...

Mi Reflexión...
_____
_____
_____
_____
_____

Mi bienestar es innegociable...

Mi Reflexión...
_____
_____
_____
_____
_____

Hoy recibo para SER y VIVIR...

Mi Reflexión...
_____
_____
_____
_____
_____

Fecha hoy...

*Mi espíritu es mayor
que mi circunstancia...*

Mi Reflexión...
_____
_____
_____
_____
_____

Dios conmigo y en mí SIEMPRE...

Mi Reflexión...
_____
_____
_____
_____
_____

*NADA es en mi contra,
TODO es a mi favor...*

Mi Reflexión...
_____
_____
_____
_____
_____

Mi bienestar es innegociable...

Mi Reflexión...
_____
_____
_____
_____
_____

Hoy recibo para SER y VIVIR...

Mi Reflexión...
_____
_____
_____
_____
_____

Fecha hoy...

*Mi espíritu es mayor
que mi circunstancia...*

Mi Reflexión...
_____
_____
_____
_____
_____

Dios conmigo y en mí SIEMPRE...

Mi Reflexión...
_____
_____
_____
_____
_____

*NADA es en mi contra,
TODO es a mi favor...*

Mi Reflexión...
_____
_____
_____
_____
_____

Mi bienestar es innegociable...

Mi Reflexión...
_____
_____
_____
_____
_____

Hoy recibo para SER y VIVIR...

Mi Reflexión...
_____
_____
_____
_____
_____

Fecha hoy...

Palabra del Día...
Cierra...

*Mi espíritu es mayor
que mi circunstancia...*

Dios conmigo y en mí SIEMPRE...

*NADA es en mi contra,
TODO es a mi favor...*

Mi bienestar es innegociable...

Hoy recibo para SER y VIVIR...

Nada más importante que cerrar lo que el propósito ha cumplido y borrar las huellas del camino, llevando solo los aprendizajes recogidos, los recuerdos gratos y lo que regalamos en el tránsito... la SERENIDAD se manifiesta en el convencimiento pleno que el siempre, es el término en que se cumple el propósito. Pensar que todo lo que queremos es para siempre es producto de lo aprendido y prolongamos lo que nos roba el progresar y avanzar. CERRAR ciclos, relaciones, amores, proyectos, experiencias y vivencias en el momento que nos damos cuenta de que deseamos estar viviendo otras experiencias, disfrutamos más con otras presencias, proyectos nuevos nos seducen y lo que vivimos carece de futuro, disfrute, seguridad, ganancias y bienestar... perdemos progresivamente la SERENIDAD.

Para organizar el por VIVIR es necesario encontrar qué nos falta, qué queremos, qué necesitamos. Lo que falta hoy... en otro lugar espera, lo que queremos en el viaje al lugar lo encontramos y lo que necesitamos nos sigue hasta donde lleguemos. Lo que ha cumplido se CIERRA y la SERENIDAD con el pasar del tiempo se manifiesta.

Acercándonos más a nuevas oportunidades... nuevos términos es tiempo de bajar la velocidad de la prisa en el VIVIR, evaluar cómo estamos, donde estamos y con quienes estamos para decidir si los seguimos llevando o soltamos los vagones innecesarios del tren de la vida y hacemos el viaje más liviano con SERENIDAD del cuerpo, la mente y el espíritu.

Cita Libro Guía Personalizada (Biblia)

*2 Timoteo 1:14
Mediante la Gracia de Dios que se vive
conmigo y en mí guardo la verdad confiada...*

Fecha hoy...

Mi espíritu es mayor que mi circunstancia...

Mi Reflexión...
_____
_____
_____
_____
_____

Dios conmigo y en mí SIEMPRE...

Mi Reflexión...
_____
_____
_____
_____
_____

NADA es en mi contra, TODO es a mi favor...

Mi Reflexión...
_____
_____
_____
_____
_____

Mi bienestar es innegociable...

Mi Reflexión...
_____
_____
_____
_____
_____

Hoy recibo para SER y VIVIR...

Mi Reflexión...
_____
_____
_____
_____
_____

Fecha hoy...

Mi espíritu es mayor que mi circunstancia...

Mi Reflexión...
_____
_____
_____
_____
_____

Dios conmigo y en mí SIEMPRE...

Mi Reflexión...
_____
_____
_____
_____
_____

NADA es en mi contra, TODO es a mi favor...

Mi Reflexión...
_____
_____
_____
_____
_____

Mi bienestar es innegociable...

Mi Reflexión...
_____
_____
_____
_____
_____

Hoy recibo para SER y VIVIR...

Mi Reflexión...
_____
_____
_____
_____
_____

Fecha hoy...

Mi espíritu es mayor
que mi circunstancia...

Mi Reflexión...
_____
_____
_____
_____
_____

Dios conmigo y en mí SIEMPRE...

Mi Reflexión...
_____
_____
_____
_____
_____

NADA es en mi contra,
TODO es a mi favor...

Mi Reflexión...
_____
_____
_____
_____
_____

Mi bienestar es innegociable...

Mi Reflexión...
_____
_____
_____
_____
_____

Hoy recibo para SER y VIVIR...

Mi Reflexión...
_____
_____
_____
_____
_____

Fecha hoy...

Mi espíritu es mayor
que mi circunstancia...

Mi Reflexión...
_____
_____
_____
_____
_____

Dios conmigo y en mí SIEMPRE...

Mi Reflexión...
_____
_____
_____
_____
_____

NADA es en mi contra,
TODO es a mi favor...

Mi Reflexión...
_____
_____
_____
_____
_____

Mi bienestar es innegociable...

Mi Reflexión...
_____
_____
_____
_____
_____

Hoy recibo para SER y VIVIR...

Mi Reflexión...
_____
_____
_____
_____
_____

Fecha hoy...

Mi espíritu es mayor que mi circunstancia...

Mi Reflexión...
_____
_____
_____
_____
_____

Dios conmigo y en mí SIEMPRE...

Mi Reflexión...
_____
_____
_____
_____
_____

NADA es en mi contra, TODO es a mi favor...

Mi Reflexión...
_____
_____
_____
_____
_____

Mi bienestar es innegociable...

Mi Reflexión...
_____
_____
_____
_____
_____

Hoy recibo para SER y VIVIR...

Mi Reflexión...
_____
_____
_____
_____
_____

Fecha hoy...

Mi espíritu es mayor que mi circunstancia...

Mi Reflexión...
_____
_____
_____
_____
_____

Dios conmigo y en mí SIEMPRE...

Mi Reflexión...
_____
_____
_____
_____
_____

NADA es en mi contra, TODO es a mi favor...

Mi Reflexión...
_____
_____
_____
_____
_____

Mi bienestar es innegociable...

Mi Reflexión...
_____
_____
_____
_____
_____

Hoy recibo para SER y VIVIR...

Mi Reflexión...
_____
_____
_____
_____
_____

Palabra del Día...
Supera...

Mi espíritu es mayor que mi circunstancia...

Mi Reflexión...

_____
_____
_____
_____
_____

_____

Dios conmigo y en mí SIEMPRE...

Mi Reflexión...

_____
_____
_____
_____
_____

NADA es en mi contra, TODO es a mi favor...

Mi Reflexión...

_____
_____
_____
_____

Mi bienestar es innegociable...

Mi Reflexión...

_____
_____
_____
_____
_____

Hoy recibo para SER y VIVIR...

Mi Reflexión...

_____
_____
_____
_____

VALENTÍA…que nos permite avanzar más allá del TEMOR.

Revisar todos los temores superados y reconocer cuan valientes hemos sido en el tránsito de los días, nos hace detenernos ante los grandes temores de hoy y los futuros.

TEMER es la mejor manera de encontrarle sentido a la existencia de Dios pues la falta de Él permite que la valentía nunca se manifieste. Ser VALIENTE es saber que más allá de nuestra capacidad limitada para resolver algunos dilemas...

DIOS TODO LO SABE y lo puede manejar a nuestro favor.

La parte mas intensa de SER VALIENTE es entregar a Dios los afanes y hacer solo lo que nos toque ... permitir que el temor nunca nos robe la capacidad de creer. El hoy nos puede retar... nunca anular. Hay que SER valientes y la única manera de lograrlo y sostenerlo es sabiendo que Dios es en y con nosotros que mientras dudamos, Él lo va organizando y mientras hacemos lo que podemos, lo imposible Él lo va resolviendo. TEMER es para un momento a la vez, ser VALIENTE es para SIEMPRE. Una vez el valor supera el temor, sabemos que siempre puede ser constante y quien lo vive consistente en su creer. Si lo haces una vez a Dios le toca hacerlo otra vez...una vez lo validas temer es natural y ser VALIENTE opcional.

Atrévete, haz solo lo que te toque... a cada uno de los involucrados le toca su parte también. Dejemos a Dios hacer... primero atender los temores, que ser valiente es solo ir a la conquista con ellos por fe.

Cita Libro Guía Personalizada (Biblia)

Salmo 55:17
SIEMPRE Mi DIos oye mi voz...

Fecha hoy...

Mi espíritu es mayor que mi circunstancia...

Mi Reflexión...
_____
_____
_____
_____
_____

Dios conmigo y en mí SIEMPRE...

Mi Reflexión...
_____
_____
_____
_____
_____

NADA es en mi contra, TODO es a mi favor...

Mi Reflexión...
_____
_____
_____
_____
_____

Mi bienestar es innegociable...

Mi Reflexión...
_____
_____
_____
_____
_____

Hoy recibo para SER y VIVIR...

Mi Reflexión...
_____
_____
_____
_____
_____

Fecha hoy...

Mi espíritu es mayor que mi circunstancia...

Mi Reflexión...
_____
_____
_____
_____
_____

Dios conmigo y en mí SIEMPRE...

Mi Reflexión...
_____
_____
_____
_____
_____

NADA es en mi contra, TODO es a mi favor...

Mi Reflexión...
_____
_____
_____
_____
_____

Mi bienestar es innegociable...

Mi Reflexión...
_____
_____
_____
_____
_____

Hoy recibo para SER y VIVIR...

Mi Reflexión...
_____
_____
_____
_____
_____

Fecha hoy...

Fecha hoy...

Mi espíritu es mayor
que mi circunstancia...

Mi Reflexión...

_____
_____
_____
_____
_____

Dios conmigo y en mí SIEMPRE...

Mi Reflexión...

_____
_____
_____
_____
_____

NADA es en mi contra,
TODO es a mi favor...

Mi Reflexión...

_____
_____
_____
_____
_____

Mi bienestar es innegociable...

Mi Reflexión...

_____
_____
_____
_____
_____

Hoy recibo para SER y VIVIR...

Mi Reflexión...

_____
_____
_____
_____
_____

Mi espíritu es mayor
que mi circunstancia...

Mi Reflexión...

_____
_____
_____
_____
_____

Dios conmigo y en mí SIEMPRE...

Mi Reflexión...

_____
_____
_____
_____
_____

NADA es en mi contra,
TODO es a mi favor...

Mi Reflexión...

_____
_____
_____
_____
_____

Mi bienestar es innegociable...

Mi Reflexión...

_____
_____
_____
_____
_____

Hoy recibo para SER y VIVIR...

Mi Reflexión...

_____
_____
_____
_____
_____

Fecha hoy...

Mi espíritu es mayor que mi circunstancia...

Mi Reflexión...
_____
_____
_____
_____
_____

Dios conmigo y en mí SIEMPRE...

Mi Reflexión...
_____
_____
_____
_____
_____

NADA es en mi contra, TODO es a mi favor...

Mi Reflexión...
_____
_____
_____
_____
_____

Mi bienestar es innegociable...

Mi Reflexión...
_____
_____
_____
_____
_____

Hoy recibo para SER y VIVIR...

Mi Reflexión...
_____
_____
_____
_____
_____

Fecha hoy...

Mi espíritu es mayor que mi circunstancia...

Mi Reflexión...
_____
_____
_____
_____
_____

Dios conmigo y en mí SIEMPRE...

Mi Reflexión...
_____
_____
_____
_____
_____

NADA es en mi contra, TODO es a mi favor...

Mi Reflexión...
_____
_____
_____
_____
_____

Mi bienestar es innegociable...

Mi Reflexión...
_____
_____
_____
_____
_____

Hoy recibo para SER y VIVIR...

Mi Reflexión...
_____
_____
_____
_____
_____

Fecha hoy...

Palabra del Día... Practica...

Mi espíritu es mayor que mi circunstancia...

Mi Reflexión...

_____
_____
_____
_____
_____
_____

Dios conmigo y en mí SIEMPRE...

Mi Reflexión...

_____
_____
_____
_____
_____

NADA es en mi contra, TODO es a mi favor...

Mi Reflexión...

_____
_____
_____
_____
_____

Mi bienestar es innegociable...

Mi Reflexión...

_____
_____
_____
_____
_____

Hoy recibo para SER y VIVIR...

Mi Reflexión...

_____
_____
_____
_____
_____

AGRADECER todas las ventajas que disfrutamos, aprendizajes recibidos, planes completados y todo lo que bienestar manifiesta en el VIVIR. Es la gratitud una virtud que se cultiva con la práctica de disfrutar y celebrar desde lo más simple dentro de lo ordinario... hasta la versatilidad majestuosa de lo extraordinario.

Agradecido es quien vive la plenitud del agradecer... es un alma llena con lo que tiene y confiada que necesita, Dios provee sin duda alguna. Es quien sabe que lo que falta es solo asunto de esperar y que la sincronía del Universo se conjugará con los tiempos y momentos Divinos para verlo hecho realidad.

¿Qué llena tu ser de gratitud y puedes VIVIR agradecido? ¿Cuántas pequeñas cosas puedes agradecer que forman tu gran mundo? ¿Qué hoy te falta que puedes comenzar a agradecer sin duda que lo has de ver?

Antes de pasar a mañana... agradece tu ayer, disfruta agradecido de tu hoy y que la gratitud continua de lo que esperas se manifieste en tu mañana con prontitud. Que en tus silencios… donde el pensamiento cultiva temores, dudas e incertidumbres... un seguro, confiado y sereno GRACIAS DIOS, ofrezca lo necesario en lo que, dentro del nuevo sendero, aparecen nuevas oportunidades para alimentar el ser AGRADECIDOS...

Cita Libro Guía Personalizada (Biblia)

Hebreos 10:16
Sus leyes en mi corazón escritas en mi mente es Su Nuevo pacto conmigo...

Fecha hoy...

Mi espíritu es mayor que mi circunstancia...

Mi Reflexión...
_____
_____
_____
_____
_____
_____

Dios conmigo y en mí SIEMPRE...

Mi Reflexión...
_____
_____
_____
_____
_____
_____

NADA es en mi contra, TODO es a mi favor...

Mi Reflexión...
_____
_____
_____
_____
_____
_____

Mi bienestar es innegociable...

Mi Reflexión...
_____
_____
_____
_____
_____
_____

Hoy recibo para SER y VIVIR...

Mi Reflexión...
_____
_____
_____
_____
_____
_____

Fecha hoy...

Mi espíritu es mayor que mi circunstancia...

Mi Reflexión...
_____
_____
_____
_____
_____
_____

Dios conmigo y en mí SIEMPRE...

Mi Reflexión...
_____
_____
_____
_____
_____
_____

NADA es en mi contra, TODO es a mi favor...

Mi Reflexión...
_____
_____
_____
_____
_____
_____

Mi bienestar es innegociable...

Mi Reflexión...
_____
_____
_____
_____
_____
_____

Hoy recibo para SER y VIVIR...

Mi Reflexión...
_____
_____
_____
_____
_____
_____

Fecha hoy...

Fecha hoy...

Mi espíritu es mayor
que mi circunstancia...

Mi Reflexión...
_____
_____
_____
_____
_____

Dios conmigo y en mí SIEMPRE...

Mi Reflexión...
_____
_____
_____
_____

NADA es en mi contra,
TODO es a mi favor...

Mi Reflexión...
_____
_____
_____
_____

Mi bienestar es innegociable...

Mi Reflexión...
_____
_____
_____
_____
_____

Hoy recibo para SER y VIVIR...

Mi Reflexión...
_____
_____
_____
_____
_____

Mi espíritu es mayor
que mi circunstancia...

Mi Reflexión...
_____
_____
_____
_____
_____

Dios conmigo y en mí SIEMPRE...

Mi Reflexión...
_____
_____
_____
_____

NADA es en mi contra,
TODO es a mi favor...

Mi Reflexión...
_____
_____
_____
_____

Mi bienestar es innegociable...

Mi Reflexión...
_____
_____
_____
_____
_____

Hoy recibo para SER y VIVIR...

Mi Reflexión...
_____
_____
_____
_____
_____

*Mi espíritu es mayor
que mi circunstancia...*

Mi Reflexión...
_____
_____
_____
_____
_____

Dios conmigo y en mí SIEMPRE...

Mi Reflexión...
_____
_____
_____
_____
_____

*NADA es en mi contra,
TODO es a mi favor...*

Mi Reflexión...
_____
_____
_____
_____
_____

Mi bienestar es innegociable...

Mi Reflexión...
_____
_____
_____
_____
_____

Hoy recibo para SER y VIVIR...

Mi Reflexión...
_____
_____
_____
_____
_____

Fecha hoy...

*Mi espíritu es mayor
que mi circunstancia...*

Mi Reflexión...
_____
_____
_____
_____
_____

Dios conmigo y en mí SIEMPRE...

Mi Reflexión...
_____
_____
_____
_____
_____

*NADA es en mi contra,
TODO es a mi favor...*

Mi Reflexión...
_____
_____
_____
_____
_____

Mi bienestar es innegociable...

Mi Reflexión...
_____
_____
_____
_____
_____

Hoy recibo para SER y VIVIR...

Mi Reflexión...
_____
_____
_____
_____
_____

Fecha hoy...

Palabra del Día...
Gózate...

*Mi espíritu es mayor
que mi circunstancia...*

Mi Reflexión...
_____
_____
_____
_____
_____
_____

Dios conmigo y en mí SIEMPRE...

Mi Reflexión...
_____
_____
_____
_____
_____

*NADA es en mi contra,
TODO es a mi favor...*

Mi Reflexión...
_____
_____
_____
_____
_____

Mi bienestar es innegociable...

Mi Reflexión...
_____
_____
_____
_____
_____

Hoy recibo para SER y VIVIR...

Mi Reflexión...
_____
_____
_____
_____
_____

Los pasos a una nueva oportunidad... es para detenernos un ratito a repasar el GOZO del día y enfocarnos en lo mejor vivido para confiar en el porVIVIR...

Por cada vez que se ha recibido lo mejor se alimenta la ilusión de esperar ver materializado en un futuro lo favorable, venciendo lo adverso. Revisando la vida podemos reconocer que lo superado es necesario para lo celebrado. Ver que hemos sido asistidos por la Divinidad, más allá de nuestro actuar revalida que si fue una vez... también en el futuro será cada vez. ¿El GOZO pertenece al Espíritu y la felicidad a la mortal humanidad, entonces qué es felicidad sin GOZO? El GOZO es natural... la felicidad es opcional.

Hoy celebra en GOZO... los que en su VIVIR desde el espíritu la celebran, su placer es dar... los que la celebran el suyo es recibir y desean felicidad... Todas son válidas si se manifiestan desde lo que habita el SER mas allá de la edad en que pueda transitar.

¿Que en tu vida GOZO y felicidad pueden provocar que desde la misma fuente ambas puedas disfrutar? Encuéntralo antes de tu VIVIR continuar para que lo vivido haga sentido y en el porVIVIR el GOZO sea natural, primario...puedas disfrutarlo y compartirlo en tu existir.

Cita Libro Guía Personalizada (Biblia)

*Salmo 16:2
Mi Dios es mi dueño y todo lo bueno
que tengo viene de Él...*

Fecha hoy...

Mi espíritu es mayor que mi circunstancia...

Mi Reflexión...
_____
_____
_____
_____
_____

Dios conmigo y en mí SIEMPRE...

Mi Reflexión...
_____
_____
_____
_____
_____

NADA es en mi contra, TODO es a mi favor...

Mi Reflexión...
_____
_____
_____
_____
_____

Mi bienestar es innegociable...

Mi Reflexión...
_____
_____
_____
_____
_____

Hoy recibo para SER y VIVIR...

Mi Reflexión...
_____
_____
_____
_____
_____

Fecha hoy...

Mi espíritu es mayor que mi circunstancia...

Mi Reflexión...
_____
_____
_____
_____
_____

Dios conmigo y en mí SIEMPRE...

Mi Reflexión...
_____
_____
_____
_____
_____

NADA es en mi contra, TODO es a mi favor...

Mi Reflexión...
_____
_____
_____
_____
_____

Mi bienestar es innegociable...

Mi Reflexión...
_____
_____
_____
_____
_____

Hoy recibo para SER y VIVIR...

Mi Reflexión...
_____
_____
_____
_____
_____

Fecha hoy...

Mi espíritu es mayor que mi circunstancia...

Mi Reflexión...
_____
_____
_____
_____
_____

Dios conmigo y en mí SIEMPRE...

Mi Reflexión...
_____
_____
_____
_____
_____

NADA es en mi contra, TODO es a mi favor...

Mi Reflexión...
_____
_____
_____
_____
_____

Mi bienestar es innegociable...

Mi Reflexión...
_____
_____
_____
_____
_____

Hoy recibo para SER y VIVIR...

Mi Reflexión...
_____
_____
_____
_____
_____

Fecha hoy...

Mi espíritu es mayor que mi circunstancia...

Mi Reflexión...
_____
_____
_____
_____
_____

Dios conmigo y en mí SIEMPRE...

Mi Reflexión...
_____
_____
_____
_____
_____

NADA es en mi contra, TODO es a mi favor...

Mi Reflexión...
_____
_____
_____
_____
_____

Mi bienestar es innegociable...

Mi Reflexión...
_____
_____
_____
_____
_____

Hoy recibo para SER y VIVIR...

Mi Reflexión...
_____
_____
_____
_____
_____

Fecha hoy...

Mi espíritu es mayor que mi circunstancia...

Mi Reflexión...
_____
_____
_____
_____
_____
_____

Dios conmigo y en mí SIEMPRE...

Mi Reflexión...
_____
_____
_____
_____
_____
_____

NADA es en mi contra, TODO es a mi favor...

Mi Reflexión...
_____
_____
_____
_____
_____
_____

Mi bienestar es innegociable...

Mi Reflexión...
_____
_____
_____
_____
_____
_____

Hoy recibo para SER y VIVIR...

Mi Reflexión...
_____
_____
_____
_____
_____
_____

Fecha hoy...

Mi espíritu es mayor que mi circunstancia...

Mi Reflexión...
_____
_____
_____
_____
_____
_____

Dios conmigo y en mí SIEMPRE...

Mi Reflexión...
_____
_____
_____
_____
_____
_____

NADA es en mi contra, TODO es a mi favor...

Mi Reflexión...
_____
_____
_____
_____
_____
_____

Mi bienestar es innegociable...

Mi Reflexión...
_____
_____
_____
_____
_____
_____

Hoy recibo para SER y VIVIR...

Mi Reflexión...
_____
_____
_____
_____
_____
_____

Mis Notas...

Printed in the United States
by Baker & Taylor Publisher Services